벤 버냉키,

연방준비제도와 금융위기를 말하다

The Federal Reserve and The Financial Crisis

벤 버냉키,
연방준비제도와 금융위기를 말하다

BEN S. BERNANKE
THE FEDERAL RESERVE AND THE FINANCIAL CRISIS

벤 S. 버냉키 지음 | 김홍범·나원준 옮김

BEN S. BERNANKE
THE FEDERAL RESERVE AND THE FINANCIAL CRISIS

차례

일러두기

1. 본문에서 *표시의 각주는 옮긴이의 것이다.

2. 지은이의 주석은 본문에 번호를 달고 후주로 밝혔다.

3. 본문의 고딕체는 지은이가 강조한 것이다.

4. 본문에서 인명, 지명, 회사명, 기관명 등 고유명사는 일일이 원어를 병기하지 않는 것을 원칙으로 했다. 대신 찾아보기에 원어를 같이 실었다.

| 발행인의 주석 |

이 책은 원래 2012년 3월 조지워싱턴대학교^{George Washington University}
에서 벤 S. 버냉키가 수행했던 일련의 강연 내용을 담고 있습니다.
당시의 강연 원고를 읽기 쉽게 편집하여 이 책이 나오게 되었습니
다. 강연 비디오 및 발표 자료(슬라이드)는 다음 주소에서 온라인으
로 보실 수 있습니다.

• http://www.federalreserve.gov/newsevents/lectures/about.htm

연방준비제도의 기원과 사명

나는 네 차례의 강연을 통해 연방준비제도^{Federal Reserve}와 금융위기에 대해 말씀드리고자 합니다. 이 주제에 대한 내 생각은 경제사가經濟史家로서의 경험에서 우러나온 것입니다. 나는 지난 몇 년 동안 생겨난 이슈에 대해 강연할 것입니다. 이런 경우, 수백 년에 걸쳐 실제로 수행되어 온 중앙은행업^{central banking}이라는 더 넓은 맥락에서 그 이슈들을 살펴보는 것이 가장 적절하다고 생각됩니다. 이번 강연에서 나는 금융위기와 그에 대한 연방준비제도의 대응 방식에 강연의 초점을 상당한 정도로 맞추려 합니다만, 과거로 돌아가 더 넓은 맥락을 살펴봐야 하는 것은 그런 이유에서입니다. 연방준비제도에 대해 말씀드리면서 나는 일반적인 중앙은행의 기원과 사명을 논의하게 될 것입니다. 과거의 금융위기들을, 그 중에서도 특히 대공황^{Great Depression}을 살펴보면서 여러분은 중앙은행의 그와 같은 사명이 어떻게 연방준비제도의 조치 및 결정에 녹아들었는지를 이해하게 될 것입니다.

현재 겪고 있는 위기에 대해서는 오늘 제1강에서 전혀 다루지 않을 것입니다. 그 대신, 중앙은행이 무엇인지, 무슨 일을 하는지, 그리고 미국에서 중앙은행업이 어떻게 시작되었는지에 대해 말씀드리겠습니다. 또한, 연방준비제도가 자신에게 다가온 첫 시련, 즉 1930년대의 대공황에 어떻게 대처했는지를 논의할 것입니다. 제2강에서는 대공황에 뒤이은 역사를 계속 다룰 것입니다. 제2차 세계대전 이후 중앙은행업의 경과와 연방준비제도의 변모를 검토하는 과정에서, 인플레이션의 정복과 대완화Great Moderation, 그리고 1945년 이후에 나타난 여타 변화들에 대해 말씀드리게 될 것입니다. 또한 제2강에서는 위기로 가까이 다가가던 상황의 진행과 2008~2009년 위기를 초래한 몇몇 요인들에 대해서도 어느 정도 시간을 들여 말씀드릴 것입니다. 제3강에서는 좀 더 최근의 사건들로 눈을 돌리려 합니다. 금융위기가 격렬히 분출되었던 시기, 금융위기의 원인 및 함의, 그리고 특히 연방준비제도와 여타 정책 입안자들의 위기 대응에 대해 말씀드릴 것입니다. 그 이후 제4강에서는 위기의 여파를 살펴보려 합니다. 여기서는 위기에 뒤이어 나타난 경기침체recession와 연준의 (통화정책을 비롯한) 정책 대응은 물론, 금융규제 변화를 통한 광범한 대응에 대해 말씀드린 다음, 이러한 경험이 중앙은행들의 운영 방식에 어떤 변화를 가져오게 될지, 그리고 향후 연준의 운영 방식에 어떤 변화를 가져오게 될지에 대해서도 미래지향적으로 잠시 이야기하려 합니다.

*

이제 중앙은행이 무엇인지에 대해 일반적으로 논의해보기로 하지요. 여러분이 경제학에 대해 약간의 기초 지식만 갖고 있어도, 중앙은행이 보통의 은행이 아니라 정부 기구이며 한 나라의 통화금융시스템의 중심에 위치한다는 사실을 알고 있을 것입니다. 중앙은행은 매우 중요한 기관입니다. 현대적 통화금융시스템의 발전을 이끄는 데에 도움을 주어왔고 경제정책에서 주된 역할을 수행하기 때문이지요. 세월에 걸쳐 다양한 장치들이 이런 역할을 맡아 왔지만, 오늘날에는 거의 모든 나라가 중앙은행을 두고 있습니다. 미국의 연방준비제도, 일본은행Bank of Japan과 캐나다은행Bank of Canada 등과 같이 말입니다. 여기에 중요한 예외가 있기는 합니다. 다수 국가가 집단적으로 하나의 중앙은행을 공유하는 통화동맹currency union의 경우가 그것입니다. 통화동맹의 가장 중요한 예가 바로 유럽중앙은행European Central Bank입니다. 유럽중앙은행은 유로화를 공통의 통화로 공유하는 17개 유럽 국가들의 중앙은행입니다. 하지만 심지어 이 경우에도, 참가국들은 각기 자국만의 중앙은행을 실제로 두고 있으며, 이들 중앙은행은 전체 유로화 시스템의 일부분입니다. 이제 중앙은행은 어디에나 존재합니다. 아무리 작은 국가라 해도 중앙은행을 두는 것이 일반적이기 때문이지요.

중앙은행은 무슨 일을 할까요? 이들의 사명은 무엇일까요? 중앙은행이 하는 일을 두 가지 광범한 측면에서 논의하는 것이 좋겠습니다. 첫 번째 측면은 거시경제의 안정을 이루기 위해 노력하는 것입니다. 즉, 안정적 경제성장을 달성하고, 경기침체 등과 같은 커다란 변동을 피하며, 인플레이션을 낮고 안정적으로 유지하는 것을 의미합니다. 이것이 중앙은행의 경제적 기능이지요. 이번 일련의 강의에서 많은 주의를 기울이게 될 중앙은행의 다른 한 가지 기능은, 금융안정을 유지하는 것입니다. 중앙은행은 금융시스템이 정상적으로 작동하도록 하기 위해 노력하며, 특히 금융-패닉financial panics* 또는 금융위기를 예방하거나 경감하기 위해 노력합니다.

중앙은행이 이 두 가지 광범한 목적을 이루기 위해 사용하는 수단으로는 무엇이 있을까요? 아주 단순하게 말해서, 기본적으로 두 벌sets의 수단이 있습니다. 경제적 안정 측면에서는, 통화정책이 주된 수단이 됩니다. 예를 들어 평상시, 연방준비제도는 단기 금리를 인상하거나 인하할 수 있습니다. 공개시장에서의 증권 매입 및 매각을 통해 그렇게 하는 것이지요. 경제가 너무 느리게 성장하고 있거나 인플레이션이 너무 낮은 수준으로 떨어지고 있다고 생각해봅시다. 이런 경우 연방준비제도는 흔히 금리를 낮춤으로써 경제에 자극을 줄 수 있습니다. 낮아진 금리는 다른 다양한 금리들을 낮추는 힘으로 작용함으로써, 예를 들면 주택 취득에 대한 지출이

---

* '패닉'은 사실상 '위기'와 동의어로 보아도 무방하다.

나 건설에 대한 지출, 기업 투자 등을 진작시키게 됩니다. 낮은 금리가 경제에서 더 많은 수요, 더 많은 소비와 더 많은 투자를 만들어내면, 이것이 성장의 동력이 되는 것이지요. 이와 마찬가지로, 경제가 지나치게 과열되고 인플레이션이 문제가 되고 있다면, 중앙은행은 보통 금리를 올립니다. 연준이 은행들에게 대부해줄 때 부과하는 익일물 금리overnight interest rate — 미국에서는 연방자금금리federal funds rate로 알려져 있습니다 — 를 인상하면, 높아진 이자율이 시스템 전반으로 파급됩니다. 이렇게 되면 차입비용, 주택 또는 자동차의 구입비용, 또는 자본재에 대한 투자비용이 상승해 경제를 감속시키는 데에 도움이 됩니다. 경기 과열을 부추기던 압력이 줄어드는 것이지요. 통화정책은, 중앙은행이 경제성장 및 인플레이션 둘 다를 기준으로 경제를 대체로 안정적으로 유지하기 위해 다년간 사용해 온 기본 수단입니다.

금융패닉이나 금융위기에 대처하기 위해 중앙은행이 주로 사용하는 수단은 유동성 제공provision of liquidity입니다. 이 수단은 경제안정을 도모하기 위한 통화정책에 비해 조금 덜 알려져 있습니다. 금융안정에 관한 우려를 해소하기 위해 중앙은행이 할 수 있는 한 가지 일은 금융기관에게 단기 대출을 해주는 것입니다. 앞으로 설명하겠습니다만, 패닉 또는 위기의 기간 동안 금융기관에게 단기 신용을 제공하면, 시장을 진정시키는 데에 도움이 되고, 금융기관을 안정화하는 데에 도움이 되며, 금융위기를 완화하거나 끝내는 데에도 도움이 됩니다. 이런 활동은 "최종대부자lender of last resort"수단이라는 이름으로 알려져 있습니다. 만약 금융시장이 혼란에 빠진 상태에서 금융기관이 금융시장 말고는 다른 자금조달원을 갖고 있지 않다면, 중앙은행이 최종대부자로서 역할을 수행할 준비를 갖추고 유동성을 제공함으로써 금융시스템 안정화에 도움을 주게 되는 것이지요.

연방준비제도를 비롯한 대부분의 중앙은행이 갖고 있는 또 하나의 수단은 금융규제감독financial regulation and supervision입니다. 흔히 중앙은행은 은행시스템을 감독하고, 은행 포트폴리오의 리스크 정도를 평가하며, 이들의 관행이 건전한지 확인합니다. 그런 방식으로, 금융시스템을 건강하게 유지하기 위해 노력하는 것이지요. 금융시스템을 건전하게 유지할 수 있고 위험추구risk-taking를 적절한 범위 내로 관리할 수 있다면, 무엇보다도 금융위기가 발생할 확률부터 줄어들게 됩니다. 그렇지만 금융규제감독이 중앙은행만의 고유한 활동은 아닙니다. 예를 들어 미국에서는 연방예금보험공사FDIC와 통화감독청OCC과 같은 다수의 서로 다른 기구들이 연준과 협력하여 금융시스템을 감독합니다. 중앙은행만의 고유한 활동은 아니라는 점에서 금융규제감독에 대한 논의는 이 정도로 일단 접기로 하고, 우리의 두 가지 주요 도구인 통화정책과 최종대부자 활동에 초점을 맞추기로 하겠습니다.

중앙은행의 기원은 무엇일까요? 사람들이 미처 인식하지 못하고 있는 한 가지 사실은 중앙은행업이 새로 생겨난 업무가 아니라는 점입니다. 중앙은행은 매우 오래 전부터 지금껏 우리 곁에서 업무를 수행해오고 있었습니다. 스웨덴 사람들은 약 350년 전인 1668년에 중앙은행을 세웠습니다. 영란은행Bank of England은 1694년에 설립되었고[1] 수백 년까지는 아니더라도 꽤 오랫동안 세상에서 가장 중요하고 영향력 있는 중앙은행이었습니다. 프랑스는 1800년에 중앙은행을 설립했습니다. 그러므로 중앙은행의 이론과 실제는 새로운 것이 아닙니다. 우리는 경제학을 업으로 하는 사람들로서 집단적으로, 또한 다른 맥락에서, 이들 이슈에 대해 오랜 세월 생각해왔으니까요.

금융패닉이 무엇인지에 대해 조금 논의할 필요가 있습니다. 일반적으로 금융패닉은 금융기관에 대한 신뢰의 상실에서 촉발됩니다. 이를 설명하는 가장 좋은 방법은 우리가 잘 알고 있는 예를 드는 것이지요. 여러분이 《멋진 인생It's a Wonderful Life》이라는 영화를 본 적이 있다면, 영화 속에서 은행가로 나온 지미 스튜어트가 직면했던 문제 중 하나가 자신의 은행에 닥친 뱅크런, 즉 예금인출사태였음을 알고 있을 겁니다. 뱅크런이 무엇인가요? 예금보험 및 연방예금보험공사가 생겨나기 이전에 지미 스튜어트가 직면했던 것과 같은 상황이 벌어졌다고 상상해 봅시다. 이제 여러분이 사는 곳의 길모퉁이에 우리가 흔히 보는 그런 상업은행이 있다고 합시다. 이 은행을 제1워싱턴은행이라 부르기로 하지요. 이 은행은 기업 등에게 대출해주고 사람들로부터 예금을 수취하여 자금을 조달합니다. 이런 예금을 요구불예금이라 부릅니다. 언제든 예금주들이 원하는 때에 자신의 돈을 인출할 수 있다는 의미에서 그렇게 부르는 것이지요. 원할 때 자금을 인출할 수 있는 것은 중요합니다. 사람들은 예금을 이용해서 쇼핑과 같은 일상적 활동을 하기 때문입니다.

이제, 이 은행이 과거에 행했던 상당한 부실대출로 손해를 보고 있다는 소문이 어떤 이유로 퍼진다면 무슨 일이 벌어질지를 상상해봅시다. 예금주로서 여러분은 이렇게 마음속으로 생각합니다. "글쎄, 이 소문의 진위 여부는 잘 모르겠다. 하지만 확실히 알고 있는 것은, 만약 내가 마지막으로 줄을 서게 되어 차례를 기다리는 사이에 다른 사람들이 모두 자신들의 돈을 인출하게 된다면, 나는 돈을 찾지 못하고 말 것이라는 사실이다." 그렇다면 이제 여러분은 무슨 일을 하려 할까요? 은행에 가서 다음과 같이 말하려 할 것입니다. "이 소문이 정말인지 아닌지에 대해서는 잘 모르겠습니다. 하지만, 다른 사람들이 모두 예금을 은행에서 인출할 것이라는 사실을 알기 때문에 나도 내 돈을 지금 인출하려 합니다." 이렇게 해서 예금주들은 현금을 인출하기 위해 줄을 길게 늘어서게 됩니다.

그런데, 어떤 은행도 예금 총액과 동일한 액수의 현금을 갖고 있지는 않습니다. 수취한 현금을 대출로 변환시키기 때문이지요. 은행이 갖고 있던 얼마 안 되는 현금 준비금이 일단 동이 나면, 예금주의 인출 요구에 부응할 수 있는 유일한 방법은 대출을 매각하거나 처분하는 것입니다. 하지만 상업 대출을 매각하기란 매우 어렵습니다. 시간이 걸리는 데에다, 흔히 할인 매각을 해야 하기 때문입니다. 은행이 이렇게 해보려고 하기도 전에, 예금주들이 은행 현관으로 몰려와 "내 돈을 돌려달라"며 요구할 것입니다. 그러므로 패닉panic은 자기실현적 예언이* 될 수 있고, 은행은 도산으로 내몰리게 됩니다. 은행은 자산을 할인된 가격으로 팔아치울 수밖에 없을 것이고, 결국 다수의 예금주들이 돈을 잃게 될 것입니다. 대공황기에 그러했듯이 말입니다.

패닉은 심각한 문제일 수 있습니다. 한 은행에 문제가 생기면, 그 이웃 은행의 사람들은 자기들 은행에도 문제가 발생할까봐 염려하기 시작할 것입니다. 그러므로 한 은행에서 일어난 뱅크런은 여러 은행의 뱅크런—혹은 좀 더 일반적으로 표현하면 은행패닉banking panic—으로 확산될 수 있습니다. 연방예금보험공사가 설치되기 이전의 은행들은 패닉이나 뱅크런이 일어나면 때로는 예금 지급 거부로 대응하곤 했습니다. 은행들은 "더 이상 예금을 지급해드릴 수 없으므로 예금 지급 창구를 폐쇄합니다"라고만 알리곤 했지요. 자신의 돈을 찾을 수 없도록 예금주에게 인출을 제한하는 일은 뱅크런으로 인해 생겨난 또 다른 나쁜 결과였습니다. 급료를 지급하거나 식료품을 구입해야 하는 사람들에게 이러한 인출 제한이 문제를 야기했기 때문입니다. 다수 은행이 도산하곤 했을 뿐만 아니라, 은행패닉이 다른 시장으로 번지는 일도 잦았습니다. 은행패닉이 예를 들어 주식시장의 폭락을 수반하는 일도 자주 있었거든요. 여러분이 생각하는 대로, 이런 일들이 모두 합쳐져 경제에 악재

---

*여기서 자기실현적 예언이란, 패닉을 우려할만한 상황이든 아니든 일단 패닉에 대한 우려가 생겨나면 그것 자체가 사람들의 행동을 자극하여 실제로 패닉이 초래될 수 있다는 의미이다.

로 작용했습니다.

여러분이 금융기관을 하나 가지고 있다 해봅시다. 그 금융기관이 대차대조표의 대변에서 예금과 같은 단기 부채로 자금을 조달하여 대차대조표의 반대편인 차변에서 장기 비유동자산—대출을 매각하려면 시간과 노력이 든다는 의미에서 대출은 비유동자산입니다—을 매입해 보유한다고 합시다. 그런 상황에서는 언제든지 금융패닉이 발생할 수 있습니다. 그 은행에 자금을 맡긴 사람들이 "잠깐만요, 내 돈을 여기 내버려 두고 싶지 않군요. 인출해야겠어요"라 말할 가능성이 있기 때문입니다. 이렇게 되면 여러분의 은행은 심각한 문제에 봉착합니다.

그렇다면 연방준비제도는 지미 스튜어트를 어떻게 도울 수 있었을까요? 중앙은행이 최종대부자로서 행동한다는 사실을 떠올려봅시다. 지미 스튜어트가 자신의 예금주에게 자금을 지급하고 있다고 상상해봅시다. 지미는 우량 대출을 다량 보유하고 있으나 이 대출을 금세 현금으로 바꿀 수 있는 것은 아닙니다. 게다가, 자기 돈을 당장 돌려달라고 요구하는 사람들이 현관에 몰려와 있습니다. 연방준비제도가 영업 중인 시간이라면 지미 스튜어트는 지역 연준 사무실에 전화를 걸어 다음과 같이 말할 수 있을 겁니다. "자, 나에게는 담보로 제시할 수 있는 우량 대출이 잔뜩 있답니다. 이것을 담보로 현금 대출을 해주세요." 이렇게 해서 지미 스튜어트는 중앙은행에서 현금을 얻어 와 예금주에게 지급할 수 있는 것이지요. 지미가 지급능력을 정말로 갖고 있는 한(다시 말해, 지미의 대출이 정말로 우량 자산인 한), 뱅크런은 가라앉고 패닉은 종료될 것입니다. 담보(금융기관의 비유동자산)를 취득하고 단기 대출을 제공함으로써, 중앙은행은 시스템 내부로 자금을 주입하여 예금주 및 단기 대부자의 자금 상환 요구에 부응할 수 있습니다. 그렇게 해서 상황을 진정시키고 패닉을 끝낼 수 있는 것이지요.

영란은행은 이런 중대한 사실을 매우 일찍 깨달았습니다. 은행업이 이론적으로 발전하는 과정에서 핵심적인 역할을 한 인물은 월터 배저트라는 언론인으로, 그는 중앙은행 정책에 대해 많은 생각을 했습니다. 그는 패닉이 지속되는 동안에는 누구든 중앙은행의 문을 두드리는 자에게 아낌없이 대출해주라는 금언을 남겼습니다. 담보를 제시하는 한 자금을 제공하라는 것입니다. 중앙은행이 자신의 자금을 확실히 상환 받으려면 담보를 확보할 필요가 있습니다. 이 때 담보는 양질이어야 하고, 만약 그렇지 않다면 할인되어야 합니다. 또한, 중앙은행은 벌칙 금리를 부과할 필요가 있습니다. 그래야 사람들이 그 상황을 유리하게 이용하지 못할 테니까요. 사람들은 조금 높은 금리를 기꺼이 부담함으로써 자금이 진실로 필요하다는 신호를 보냅니다. 중앙은행이 배저트의 준칙을 따른다면, 중앙은행은 금융패닉을 중단시킬 수 있습니다. 예금주나 다른 단기 대부자들로부터의 자금 조달이 막히게 되면, 은행 또는 여타 금융기관은 중앙은행에게서 차입합니다. 중앙은행은 담보를 기초로 현금 대출을 제공합니다. 그러면 금융기관은 예금주에게 자금을 지급하고 상황은 진정됩니다. 중앙은행이라는 자금원이 없다면,

다시 말해 중앙은행의 최종대부자 활동이 없다면, 다수 금융기관들은 문을 닫아야 하게 될 것이므로 결국 파산할 것입니다. 이들이 자산을 헐값으로 처분해야 한다면, 다른 은행들도 자산 가치의 하락을 경험하게 될 것이므로 추가적인 문제가 불거질 것입니다. 이렇게 되면 공포, 소문이나 자산 가치 하락을 통해 패닉이 은행시스템 전반으로 확산될 것입니다. 공격적 개입이 중요한 것은 바로 이런 까닭에서입니다. 중앙은행인으로서는 그와 같은 단기 유동성을 제공함으로써 시스템 붕괴를, 또는 적어도 시스템에 가해지는 심각한 압박을, 피해야 합니다.

미국과 연방준비제도에 대해 조금 구체적으로 이야기해봅시다. 연방준비제도는 1914년에 설립되었습니다. 의회와 우드로 윌슨 대통령의 연준 설립 결정은 거시경제안정 및 금융안정 둘 다에 대한 우려에서 나왔습니다. 남북전쟁 이후 1900년대 초까지도 미국에는 중앙은행이 없었습니다. 그러므로 재무부가 수행할 수 없었던 여하한 종류의 금융안정 기능도 민간이 수행해야 했습니다. 민간이 최종대부자 기능을 조성해보려 했던 흥미로운 몇몇 사례가 있습니다. 뉴욕어음교환소^{New York Clearing House}가 그런 일례이지요. 뉴욕어음교환소는 민간 기구로서, 원래는 뉴욕시에 소재한 보통의 상업은행들로 구성된 클럽^{club}이었습니다. 처음에는 어음교환소 기능을 수행했기 때문에 그런 명칭으로 부르게 되었습니다. 매일 일과가 끝날 때 은행들이 모여 수표를 서로 교환하는 장소로 쓰였거든요. 그렇지만 시간이 흐르면서 어음교환소는 조금은 중앙은행과 유사한 기능을 수행하기 시작했습니다. 예를 들어, 어떤 은행이 커다란 자금 압박을 받게 되면 여타 은행들이 어음교환소에 모여 그 은행에 자금을 대출해줌으로써 예금주에게 지급이 이루어지도록 해준 것이지요. 그러므로 바로 이런 점에서는 어음교환소가 최종대부자 역할을 수행했습니다. 때로는, 여러 어음교환소가 다 같이 일주일 동안 은행시스템 가동을 중단하는데 동의하곤 했습니다. 문제에 봉착한 은행을 살펴보고 그 대차대조표를 평가하여 그 은행이 실제로 건전한 은행인지 여부를 결정하기 위해서였지요. 만약 그 은행이 건전하다면 다시 영업을 재개함으로써 일반적으로 상황이 가라앉곤 했습니다. 은행시스템을 안정화하기 위한 민간활동이 있었던 것입니다.

하지만, 결국 이런 종류의 사적 장치로는 충분치 않았습니다. 독립적 중앙은행이 누리는 자원이나 신뢰성을 어음교환소가 갖추고 있지는 않았기 때문입니다. 은행들은 모두 민간 기관이므로, 결국 사람들은 은행이 공익 아닌 다른 동기에서 행동하는지 여부에 대해 늘 의심스럽게 생각할 수도 있었던 것이지요. 그런 이유로 미국으로서는, 유동성은 부족해도 여전히 지급능력은 갖추고 있는 상업은행에 대한 뱅크런을 중단시킬 수 있는 최종대부자를 두어야 할 필요가 있었습니다.

이것은 가상의 이슈가 아니었습니다. 남북전쟁 이후 금본위제도가 회복된 1879년부터 연방준비제도가 창설되기까지 미국에서 금융패닉은 매우 커다란 문제였습니다. 이 기간 동안 미국에서 주

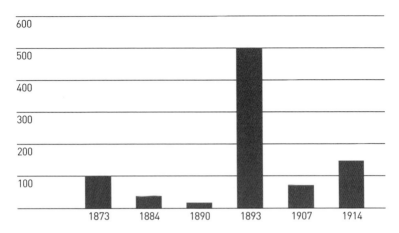

그림 1. 은행패닉 기간 중 은행폐쇄 건수, 1873~1914년

자료: 1873~1907년 데이터에 대해서는 엘머스 윅커(Elmus Wicker), 『도금기의 은행패닉(Banking Panics of the Gilded Age)』(뉴욕: 케임브리지대학교출판부, 2006년), 표 1.3; 1914년 데이터에 대해서는 연방준비제도이사회(Federal Reserve Board), 『통화금융통계(Banking and Monetary Statistics, 1914~1941)』.

요 은행패닉이 여섯 차례 발생했는데, 그림 1은 각각의 은행패닉 중 폐업한 은행의 수효를 보여줍니다.

그림에서 여러분은 1893년의 격심한 금융패닉으로 미국 전역에서 5백 개가 넘는 은행이 도산했음을 알 수 있습니다. 그 결과, 당시 금융시스템과 실물경제는 중대한 영향을 받았습니다. 1907년 패닉에서는 그보다 적은 수의 은행이 도산했으나, 실제로 도산한 은행들의 규모는 더 컸습니다. 1907년 위기 이후, 의회는 금융패닉의 문제를 처리할 수 있는 정부기구의 필요성에 대해 생각하기 시작했습니다. 중앙은행업의 실제 경험을 다룬 23권 분량의 연구가*

의회를 위해 작성되었고, 의회는 신중한 검토를 통해 중앙은행 창설을 의결했습니다. 또 한 차례의 심각한 금융패닉이 지나간 후, 새 중앙은행이 1914년 마침내 설립되었습니다. 그러므로 20세기 초 의회가 중앙은행을 창설하기로 결정한 주된 이유는 금융안정에 대한 고려 때문이었습니다.

하지만 중앙은행의 다른 한 가지 중요한 사명이 통화안정 및 경제안정이라는 사실을 상기해봅시다. 남북전쟁 이후부터 1930년대에 이르는 대부분의 기간 동안, 미국은 금본위제도 하에 있었습니다. 금본위제도가 무엇인가요? 금본위제도란 통화가치를 금의 무게를 기준으로 고정시켜 놓은 통화시스템입니다. 예를 들어, 20세기 초 금의 가격은 법률에 의해 온스당 20.67 달러로 정해져 있었습니다. 이와 같이 달러화와 금의 특정 중량 사이에 고정적 관계가 존재했고, 이는 다시 통화 공급량을 결정하는 데에 도움이 되었습니다. 이렇게 결정된 통화 공급량은 경제 내 물가수준을 결정하는 데에 도움이 되었지요. 진정한 금본위제도는 이와 같이 상당한 정도로 하나의 자동적인 통화시스템을 만들어냅니다. 당시 중앙은행들이 금본위제도의 관리를 지원하긴 했지만 말입니다. 그러므로 금본

---

*미국 의회가 1908년 위촉한 국가통화위원회(National Monetary Commission)는 유럽 여러 나라―여기에는 독일, 스위스, 프랑스, 스웨덴, 덴마크, 이탈리아, 오스트리아-헝가리제국, 그리고 벨기에가 포함됨―와 일본이 도입하여 운영 중이던 각 중앙은행제도의 성립과 발전에 관한 역사적 검토를 수행하고 모두 23권의 보고서를 의회에 제출했다. Goodhart, Charles A. E., *The Evolution of Central Banks*, The MIT Press, 1988 참조.

위제도는 중앙은행을 대신할 수 있는 적어도 부분적인 대안이 됩니다.

그러나 유감스럽게도 금본위제도는 완전한 통화시스템과는 거리가 멉니다. 예를 들어, 금본위제도는 자원의 커다란 낭비를 부릅니다. 금을 여러 톤 캐낸 후 뉴욕 연방준비은행의 지하 금고로 옮겨야 하기 때문이지요. 이렇게 금을 모두 캐낸 후엔 다시 또 다른 구덩이로 쓸어 넣어야 하는 것이 금본위제도의 매우 심각한 비용이라고 밀턴 프리드먼은 늘 강조했습니다. 그런데 금본위제도에는 이보다 더 심각한 다른 금융적·실물적 우려가 늘 따른다는 사실을 우리는 실제 경험을 통해 알게 되었습니다.

금본위제도가 통화 공급량에 미치는 영향을 생각해봅시다. 금본위제도가 통화 공급량을 결정하기 때문에 중앙은행으로서는 경제 안정화를 위해 통화정책을 활용할 수 있는 여지가 그리 많지 않습니다. 구체적으로, 금본위제도 하에서는 경제활동이 왕성한 시기에 통화 공급량이 늘고 금리가 하락하는 것이 일반적입니다. 그런데 이것은 중앙은행이 오늘날 일반적으로 이행하고자 하는 정책 조치와는 반대입니다. 금본위제도 하에서는 통화 공급량이 금에 연계되어 있기 때문에, 경기가 침체될 때 금리를 낮추고 인플레이션을 억제하기 위해 금리를 높이는 것과 같은 신축성을 중앙은행이 전혀 발휘하지 못합니다. 일부 논자들은 바로 이 점을 금본위제도의 편익이라 간주합니다. 금본위제도가 중앙은행의 재량을 제거해준다는 것이며, 이를 옹호하는 근거도 있긴 합니다. 하지만, 금본위제도 하에서는 그 이후의 시기에* 비해 경제의 연도별 변동성이 더 컸습니다. 이것이 금본위제도가 실제로 수반하는 부작용입니다. 산출 변동성과** 인플레이션의 연도별 변동은 금본위제도 하에서 훨씬 더 컸거든요.

이밖에도 금본위제도에 대해서는 우려가 더 있습니다. 금본위제도를 채택한 국가의 통화 사이에 고정환율 시스템을 만들어 내는 것은 금본위제도가 하는 일 중 하나입니다. 예를 들어, 1900년 달러화 가치는 금 1온스당 대략 20달러 정도였습니다. 바로 그 시기에 영국 사람들은 금 1온스당 대략 4파운드 정도로 금 태환 비율을 정하고 있었습니다. 20달러가 금 1온스와 같고 금 1온스가 4파운드와 같으므로, 결국 20달러가 4파운드와 같은 셈입니다. 기본적으로 1파운드는 5달러의 가치를 갖는 것이지요. 그러므로 두 나라가 모두 금본위제도 하에 있는 경우 금과 각국 통화의 교환 비율 즉 환율로부터 계산되는 두 나라 통화의 가격 비율은 근본적으로 고정됩니다. 달러화 대비 유로화 가격이 오르내릴 수 있는 오늘날과는 달리, 각국 통화 간 상대가격이 변동할 가능성이 전혀 없는 것이지요. 한편, 일부 사람들은 바로 그 점이 유익하다고 주장하려 할 것입니다. 그러나 여기에는 적어도 한 가지 문제점이 있습니다. 어떤

---

* 1930년대 이후 관리통화제도 하의 시기를 가리킨다.

** 원문(p.11)에는 산출 변동성이 "Volatility in output variability"로 나와 있으나, 이는 volatility in output 또는 output variability로 표기되어야 정확하다.

나라가 충격을 경험하거나 통화 공급량이 변화한다면, 그리고 심지어 일단의 잘못된 정책들이 실행되기라도 한다면, 그 나라의 통화에 연계된 다른 나라들도 그로 인한 영향을 부분적으로 경험하게 된다는 것이지요.

요즘의 사례를 들어보겠습니다. 오늘날 중국은 자국 통화를 달러화에 연계하고 있습니다. 최근에는 신축성이 늘긴 했으나, 중국 통화와 미국 달러화 사이에는 오랫동안 긴밀한 관계가 있어 왔습니다. 이 말씀의 의미는, 예컨대 미국 경제가 침체에 빠져 있어 연방준비제도가 금리를 낮춰 경제에 자극을 주면 중국에서도 통화정책이 원칙적으로 완화된다는 것입니다. 서로 다른 나라라 해도 본질적으로 동일한 통화를 가진 경우에는 금리도 같아야 하기 때문입니다. 그런데 그 낮은 금리가 중국에는 적절하지 않을 수 있습니다. 중국이 미국의 통화정책에 근본적으로 연계되어 있어서, 결과적으로 중국이 인플레이션을 경험하게 될지도 모르기 때문이지요. 그러므로 국가 간 환율은 좋은 정책이든 나쁜 정책이든 가리지 않고 모두를 이들 국가 사이로 파급시키는 경향이 있습니다. 그로 인해 개별 국가로서는 자국만의 통화정책 관리에 필요한 독립성을 잃게 되기 쉬운 것이지요.

금본위제도의 또 한 가지 문제점은 투기적 공격과 관계가 있습니다. 금본위제도 하의 중앙은행은 전체 통화 공급량을 지지하는 데에 필요한 금의 일부만을 보유하는 것이 일반적입니다. 실제로, 영란은행은 존 메이너드 케인스가 일컬었듯이 "금 박막ᵃ thin film of gold"을* 보유한 것으로 널리 알려져 있었습니다. 영란은행이 보유하던 금은 소량에 불과했지만 자신에 대한 일반의 신뢰―어떤 상황이 닥치더라도 영란은행은 금본위제도를 사수할 것이라는 일반의 신뢰―에 의존하고 있었으므로, 결과적으로 금준비 규모가 작다는 점을 들어 영란은행에 이의를 제기한 사람은 아무도 없었습니다. 그러나 금본위제도를 유지하겠다는 중앙은행의 약속에 대한 확신을 만약 시장이 잃게 된다면, 그 이유가 무엇이든 그 나라의 통화는 투기적 공격의 대상이 될 수 있습니다. 바로 이런 일이 영국 사람들에게 일어났던 것이지요. 1931년 투기자들은 영국 파운드화의 금태환성 유지에 대한 확신을 상실했습니다. 당시 투기자들이 이렇게 된 데에는 타당한 이유들이 많이 있었습니다. 이들은 모두 (뱅크런에서와 마찬가지로) 파운드화를 영란은행에 제시하면서 "내게 금을 달라"고 요구했습니다. 영란은행의 금이 동이 나는 데에는 그리 오랜 시간이 걸리지 않았습니다. 통화 공급량을 뒷받침하는 데에 필요한 전체 금을 영란은행이 갖고 있지 않았기 때문입니다. 이 일로 인해, 영국은 어쩔 수 없이 금본위제도를 포기해야

---

* '금 박막'이란 영란은행이 실제로 소량의 금준비(gold reserve)만을 보유했다는 점을 강조하기 위해 비유적으로 나타낸 표현이다. 원문에는 '금 박막'이 케인스의 표현으로 소개되어 있으나, Ferguson and Schularick(2008, p.3, fn.3)에 따르면 Sir John H. Clapham의 표현으로 나와 있다. Ferguson, Niall, and Moritz Schularick, "The "Thin Film of Gold": Monetary Rules and Policy Credibility in Developing Countries," NBER Working Paper 13918, National Bureau of Economic Research, April 2008 참조.

했습니다.

이런 이야기가 있습니다. 영국 재무부 관료가 목욕을 하고 있는데 부하 직원이 뛰어와 "우리나라가 금본위제도를 포기했습니다! 우리나라가 금본위제도를 포기했습니다!"라고 알려줬다고 합니다. 그러자 관료는 "우리가 그렇게 할 수는 없을 것으로 생각했는데!"라고 말했답니다. 그렇지만 그들은 그렇게 할 수 있었고 그렇게 해야만 했습니다. 파운드화에 대한 투기적 공격 때문에 선택의 여지가 없었던 것이지요. 게다가, 미국의 예에서 본 대로 금본위제도에는 다수의 금융패닉이 따랐습니다. 금본위제도가 금융안정을 언제나 보장해준 것은 아닙니다.

끝으로, 사람들이 언급하는 금본위제도의 강점 중 하나는 동제도가 안정적 통화 가치를 조성한다는 것입니다. 금본위제도가 안정적 인플레이션을 낳는다는 것이지요. 매우 긴 기간을 놓고 보면 이 말이 맞습니다. 그렇지만 그보다 짧은, 5년이나 10년 정도의 기간을 놓고 본다면 금본위제도 하에서도 인플레이션(물가상승)이나 디플레이션(물가하락)을 여러 차례 실제로 경험할 수 있습니다. 그 이유는, 금광 발견과 같은 일들에 따라 경제 내 통화량이 달라지기 때문이지요. 예를 들어, 캘리포니아에서 금이 발견되어 경제 내 금의 수량이 늘면 인플레이션이 초래될 것입니다. 반면, 경제가 빠르게 성장하고 금이 부족해지면 디플레이션이 초래될 것입니다. 그러므로 금본위 국가도 단기에서는 인플레이션과 디플레이션을 둘 다 자주 경험했던 것이지요. 수십 년 동안의 장기간에 걸쳐서는 물가가 꽤 안정적이었지만 말입니다.

미국에서는 이것이 매우 중대한 우려였습니다. 19세기 후반, 미국에서는 경제성장률에 비해 금이 부족했습니다. 금이 충분하지 않았으므로—경제 규모에 비해 통화 공급량이 상대적으로 줄어들고 있었으므로—미국 경제는 디플레이션을 경험하고 있었습니다. 다시 말해, 이 기간 동안 물가는 서서히 하락하는 중이었습니다. 이 물가하락은 특히 농부들에게, 그리고 농업과 관련된 다른 직종에 종사하던 사람들에게 문제를 야기했습니다. 이 점에 대해 잠시 생각해 봅시다. 여러분이 캔자스주에 살고 있는 농부이며 매월 20달러의 고정액 지급의무가 달린 주택담보대출이 있다면, 여러분이 내야 하는 화폐액은 고정되어 있습니다. 그런데 이 돈을 어떻게 마련할까요? 물론 농산물을 재배하여 시장에 내다 팔아야 할 것입니다. 이제 여러분이 디플레이션을 경험한다면, 이는 여러분이 재배한 옥수수, 면화 또는 곡물의 가격이 시간 경과에 따라 하락한다는 뜻입니다. 하지만 은행에 내야 하는 월정 지급액은 그대로이지요. 디플레이션으로 인해 농부들은 견디기 힘든 부담을 졌습니다. 자신들의 생산물 가격은 떨어졌지만, 내야 하는 부채 지급액은 변하지 않은 채 그대로였으니까요. 농부들은 농산물의 가격 하락에 의해 압박을 받았고 이 디플레이션이 우연이 아니었음을 알아차렸습니다. 금본위제도로 인해 디플레이션이 초래되고 있었던 것이지요.

그래서 윌리엄 제닝스 브라이언은 금본위제도의 수정 필요성을 주요 내용으로 하는 공약을 내걸고 대통령 선거에 입후보했습니다. 특히, 그는 은을 금속화폐시스템에 추가하고자 했습니다. 더 많은 통화가 유통되도록 하고 더 높은 인플레이션이 가능하도록 하기 위해서였지요. 그런데 그는 이런 내용을 19세기 웅변가답게 매우 감동적으로 다음과 같이 연설했습니다. "그대는* 가시면류관을 노동자의 이마 위에 내리누르지 말지어다. 그대는 사람을 황금의 십자가에 못 박지 말지어다." 그가 말하고자 한 것은, 정직하고 근면한 농민들—은행에 자금을 상환하려고 애를 쓰지만 시간이 가면서 농산물 가격 하락을 지속적으로 경험했던 농민들—이 금본위제도에 눌려 죽어가고 있다는 사실이었습니다.

금본위제도가 이런 문제들을 야기했으므로, 금본위제도는 연방준비제도의 창설을 가져온 하나의 동인이 되었습니다. 모든 연구가 완료된 이후, 연방준비법Federal Reserve Act이 마침내 1913년 의회를 통과함으로써 연방준비제도가 확립되었습니다. 윌슨 대통령은 이 일을 자신의 대통령 재임 중 가장 중요한 대내적 업적으로 생각했습니다. 그들이 중앙은행을 원했던 이유는 무엇일까요? 연방준비법은 신설된 연방준비제도에 두 가지 일을 하도록 요구했습니다. 첫째, 최종대부자 역할을 수행함으로써 은행들이 몇 년마다 한 번씩 경험해 오던 패닉을 경감시키기 위해 노력할 것. 둘째, 금본위제도를 관리할 것, 다시 말해, 금본위제도에서 날카로운 모서

---

*여기서 '그대'란 금본위제도를 가리킨다.

리에 해당하는 부분을 제거함으로써 금리 및 다른 거시경제 변수의 급격한 변동을 피할 것.

흥미롭게도, 의회가 중앙은행을 창설하려고 시도한 것은 연방준비제도가 처음이 아니었습니다. 그 이전에도 이미 두 차례의 시도가 있었거든요. 하나는 알렉산더 해밀턴의 제안에 따른 시도였고 다른 하나는 얼마 후 19세기에 있었던 시도였습니다. 두 차례의 시도 모두에서 의회는 중앙은행을 사라지도록 내버려 두었습니다. 요즘 같으면 메인 스트리트와 월 스트리트 사이의 의견 불일치라 부를 만한 종류의 문제 때문이었습니다. 메인 스트리트 사람들—예를 들면 농민들—은 중앙은행이 나라 전체를 대표하는 기구가 아니라 뉴욕과 필라델피아 재계의 도구 역할을 주로 하게 될까봐 두려워했던 것입니다. 중앙은행을 창설하려는 첫 번째 및 두 번째 시도가 둘 다 실패한 것은 바로 그러한 이유 때문이었습니다.

우드로 윌슨은 과거와는 다른 접근을 시도했습니다. 그는 단일 중앙은행을 설립하여 워싱턴에 두었을 뿐만 아니라 12개의 연방준비은행Federal Reserve banks도 설립하여 전국의 주요 도시에 두었습니다. 그림 2는 (오늘날에도 여전히 존재하는) 12개의 연방준비지역Federal Reserve districts을 보여줍니다. 그리고 각 지역에는 연방준비은행이 하나씩 있습니다.[2] 그 위에, 워싱턴의 연방준비제도이사회Board of Governors가 전체 시스템을 감시합니다. 이러한 구조 덕분에, 전국 각지의 누구든지 워싱턴에서 목소리를 낼 수 있었고 국민 경제의 모든 측면에 대한 정보가 워싱턴에 전해질 수 있었습니다. 이

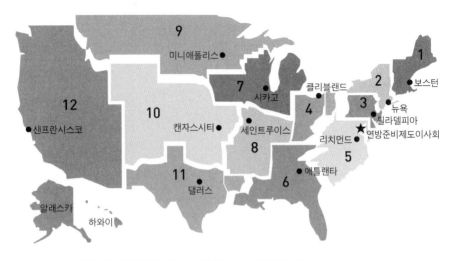

그림 2. 연방준비지역과 연방준비은행 및 연방준비제도이사회의 위치

런 일이 가능한 중앙은행이 만들어진 데에 그와 같은 구조의 가치
가 있었습니다. 이 점은 사실 아직도 그대로입니다. 연방준비제도
가 통화정책을 수립할 때에는 전국적으로 분산되어 소재하는 연방
준비은행들의 견해를 감안하거든요. 정책 수립을 위해 연준이 전
국적 접근을 취하는 것이지요.

　　연방준비제도는 1914년에 설립되었습니다. 이후 한동안 연준
이 처했던 상황은 그다지 나쁘지 않았습니다. 소위 광란의 20년대
Roaring Twenties였던 1920년대는 미국의 대번영기였지요. 당시에는
유럽 대부분이 제1차 세계대전으로 인해 아직 피폐한 상태였으므
로, 세계적으로 미국 경제는 절대적인 우위에 있었습니다. 새로운

발명이 넘쳐났습니다. 사람들은 라디오 주위로 몰렸들었고, 자동차도 훨씬 더 많이 보급되었지요. 1920년대에는 새로운 내구 소비재도 많이 나왔고, 경제성장도 많이 이루어졌습니다. 그런 덕분에 연방준비제도는 업무를 처음 시작하고 절차를 확립하는 데에 필요한 시간을 벌 수 있었습니다.

그러던 중 공교롭게도, 1929년에 세상은 대공황의 충격에 휩싸였습니다. 대공황은 연방준비제도가 처음 맞이한 커다란 시련이었습니다. 그 해 10월 29일에 미국 주식시장이 폭락했습니다. 대공황이라는 금융위기는 미국에만 국한된 현상이 아니라 전 세계적인 현상이었지요. 유럽을 비롯한 세계 다른 지역의 대형 금융기관들도 무너졌거든요. 가장 피해가 컸던 금융 붕괴는 크레디트-안슈탈트Credit-Anstalt로 불리던 오스트리아 대형 은행의 1931년 몰락일 것입니다. 그 여파로 유럽의 다른 여러 은행들이 도산했으니까요. 경기가 매우 급속하게 위축되었고, 1929년에 시작된 대공황은 진주만 공격에 뒤이어 미국이 참전했던 1941년까지 지속되었습니다. 지금 생각해보면 믿을 수 없을 정도로 긴 기간이었지요.

대공황이 얼마나 심하고 혹독했는지를 이해하는 것은 중요합니다. 그림 3은 주식시장을 보여줍니다. 그림 좌측에는 1929년 10월에 주가가 매우 급격하게 하락했음을 보여주는 수직선이 그려져 있습니다. 존 케네스 갤브레이스를 비롯한 여러 저자들에 의해 유명해진 주가 폭락 사태가 바로 이것이었습니다. 그들은 창문에서 뛰어내린 증권 중개인에 관한 파란만장한 이야기를 들려주었지요.

지수, 1928년 12월 31일=100

그림 3. S&P 종합주가지수, 1929~1933년

자료: 증권가격연구센터(Center for Research in Securities Prices), S&P 500 지수 파일.

그렇지만 내가 이 그림을 통해 여러분이 이해하기를 바라는 내용은, 1929년의 주가 폭락이 장차 펼쳐질 훨씬 더 심각한 하락의 첫걸음에 지나지 않았다는 사실입니다. 그림은 주가가 어떻게 계속 하락했는지를 보여줍니다. 1932년 중반 즈음이면 주가가 고점으로부터 85퍼센트나 하락한 상태가 됩니다. 믿을 수 없는 규모의 낙폭이지요. 그러므로 주식시장에서 그저 며칠간 궂은 날이 있었던 정도가 아니라 그보다 훨씬 더 사정이 나빴습니다.

　실물경제 즉 비금융 경제nonfinancial economy 역시 매우 큰 고통을 받았습니다. 그림 4a는 실질 GDP의 성장률을 보여줍니다. 막대그래프가 영(0)을 나타내는 수평선 위쪽으로 그려지면 성장기입

(a) 전년도 대비 퍼센트 변화

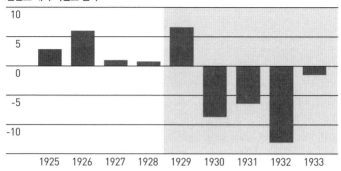

(b) 전년도 대비 퍼센트 변화

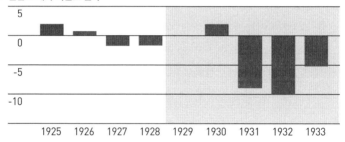

그림 4a. 실질 GDP, 1925~1934년

주: 음영 부분은 대공황기의 연도를 표시.

자료: 『미국의 역사통계(Historical Statistics of the United States)』, 밀레니엄판(Millennial Edition)(뉴욕: 케임브리지대학교출판부, 2006년), 표 Ca9.

그림 4b. 소비자물가지수, 1925~1934년

자료: 『미국의 역사통계(Historical Statistics of the United States)』, 밀레니엄판(Millennial Edition), 온라인, 표 Cc1.

니다. 막대그래프가 영의 수평선 아래쪽으로 그려지면 수축기입니다. 1929년에 경제는 5퍼센트를 초과하여 성장했고, 그 때까지는 매우 착실하게 성장하는 중이었습니다. 그러나 그림을 보면 여러

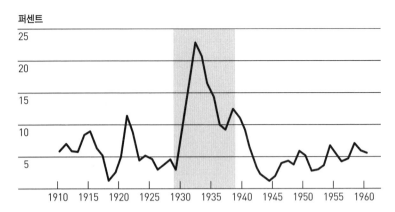

퍼센트

그림 5. 실업률, 1910~1960년

주: 음영 부분은 대공황기의 연도를 표시.
자료: 『미국의 역사통계(Historical Statistics of the United States)』, 밀레니엄판(Millennial Edition), 표 Ba475.

분은 1930년에서 1933년까지는 경제가 매년 매우 큰 규모로 위축 되었다는 사실을 알 수 있습니다. 그 결과, GDP는 엄청나게 줄어 들었습니다. 1929년에서 1933년 사이에 전체적으로 GDP의 거의 3분의 1이나 감소했으니까요. 이와 동시에 경제는 디플레이션(물가 하락)을 경험하고 있었습니다. 그림 4b에서 볼 수 있듯이, 1931년 과 1932년에 물가는 약 10퍼센트씩 하락했습니다. 여러분이 19세 기 말에 곤란을 겪던 농민의 처지라고 가정하고 1932년에 무슨 일 이 벌어지고 있었는지 상상해보면, 농작물 가격이 절반 또는 그보 다 더 큰 폭으로 하락하고 있는데도 여러분은 주택담보대출에 대 해 여전히 동일한 액수를 은행에 상환해야 하는 상황인 것이지요.

연도별 도산 은행 개수

그림 6. 은행 도산, 1910~1940년

자료: 연방준비제도이사회(Federal Reserve Board), 『통화금융통계(Banking and Monetary Statistics, 1914~1941)』, 표 66.

경제가 위축되자 실업률이 치솟았습니다. 1930년대의 개별 가계에 대한 실태조사는 정확도 면에서 오늘날의 실태조사와는 차이가 나므로, 그림 5의 숫자들은 당시의 실업률에 대한 추정치이며 정확한 숫자가 아닙니다. 그렇지만 1930년대 초 실업률이 정점에 도달했을 때에는 25퍼센트에 근접했다는 것 정도는 잘 알 수 있습니다. 음영 부분은 경기침체기를 나타냅니다. 심지어 1930년대 말에도 실업률은 여전히 13퍼센트 내외로 높았습니다. 그 이후에는 전쟁으로 이런 상황이 모두 바뀌었지만요.

여러분이 짐작하는 대로, 경제가 온통 제대로 돌아가지 않자 수많은 예금주들의 인출 쇄도로 뱅크런이 일어나 많은 은행들이 도산했습니다. 그림 6은 각 연도의 도산 은행 수효를 보여줍니다. 여러분은 이 그림에서 1930년대 초에 은행 도산이 급증했음을 확인할 수 있습니다.

무엇이 이런 거대한 재앙을 초래했을까요? 되풀이하여 말하지만, 이 재앙은 미국만의 문제가 아니라 전 세계적인 문제였습니다. 독일은 미국보다 불황depression이 더 심각했으며, 이런 상황이 1933년 히틀러의 집권에 어느 정도 직접적인 영향을 끼쳤습니다. 도대체 무슨 일이 벌어졌던 것일까요? 어떤 요인이 대공황을 초래한 것일까요? 여러분이 추측할 수 있듯이, 이는 엄청나게 중요한 주제이며 경제사가들로부터 많은 주목을 받아왔습니다. 그리고 매우 큰 사건들이 종종 그렇듯이, 여기에도 다수의 서로 다른 원인이 있었습니다. 그 중 몇 가지를 들면 다음과 같습니다. 첫째, 제1차 세계대전의 영향. 둘째, 제1차 세계대전 이후 여러 난점을 안은 채로 재건되고 있던 국제 금본위제도의 문제들. 셋째, 1920년대 말의 유명한 주가버블. 그리고 세계 전역으로 확산되었던 금융패닉. 결국 수많은 요인들이 대공황을 초래했던 것이지요. 한편, 문제의 일부분은 당시의 학문 수준과도 관련이 있었습니다. 정책 그 자체 보다는 이론에 문제가 있었다는 뜻입니다. 1930년대에는 경제에 관한 하나의 사고방식으로서 청산 이론liquidationist theory이 많은 지지를 받았습니다. 이 이론은 1920년대가 지나친 호시절이었다고 상정합니다. 경제가 너무 빠르게 팽창했고, 성장이 지나치게 많이 이루어졌으며, 너무 많은 신용이 풀렸고, 주가가 지나치게 높이 뛰었다는 것이지요. 이와 같은 과잉의 시기를 경험했으면 이제 필요한 것은 디플레이션의 시기 즉 모든 과잉을 짜내는 시기라는 겁니다. 대공황은 불행한 일이긴 하지만 필요하다는 것이 이 이론의 시각이었습니다. 1920년대를 통해 경제 내에 축적된 과잉을 모두 짜내버려야 한다는 것이었지요. 허버트 후버가 대통령으로 재임시 재무부 장관이었던 앤드루 멜런은 다음과 같은 유명한 말을 남겼습니다. "노동자를 청산하라, 주식을 청산하라, 농민을 청산하라, 부동산을 청산하라." 꽤 비정하게 들리지요. 내 생각에도 그렇습니다. 하지만 그가 전달하고자 했던 내용은 우리가 1920년대의 과잉을 모두 제거함으로써 이 나라를 좀 더 근본적으로 건전한 경제로 되돌려야 한다는 것이었습니다.

대공황 기간 중 연방준비제도는 무엇을 하고 있었을까요? 연준이 대공황이라는 기다란 첫 시련에 직면하여 통화정책 측면과 금융안정 측면 둘 다에서 모두 실패했다는 사실은 안타까운 일입니다. 통화정책 측면에서, 심한 침체기에는 누구나 통화정책의 완화를 기대하게 되는데도 연준은 여러 가지 이유로 그렇게 하지 않았습니다. 연준으로서는 주식시장 투기를 중단시키고자 했고, 금본위제도를 유지하길 원했으며, 청산 이론이 옳다고 생각했기 때문이었지요. 그러므로 연준이 통화정책을 통해 침체를 상쇄시키는 일은 일어나지 않았습니다. 그렇게 할 수도 있었을 텐데 말입니다. 그리고 실제로는 물가의 급격한 하락을 경험했었지요. 산출 및 고용 감소의 원인을 놓고서는 서로 갑론을박할 수 있습니다. 하지만 물가수준이 10퍼센트나 하락했다면, 이는 통화정책이 너무 지나치게 긴축적이기 때문임이 분명합니다. 디플레이션은 문제의 중요한 일부분이었습니다. 왜냐하면 명목가치가 고정된 부채를 갚기 위해 생산물 판매에 의존해야 했던 농민 등이 디플레이션으로 인해 파산했기 때문입니다. 설상가상으로, 앞서 언급했듯이, 금본위제도 하에서는 환율이 고정됩니다. 이제 연준의 정책이 다른 나라들에 전파될 수밖에 없었고, 이로 인해 이들 나라도 지나치게 긴축적인 통화정책의 영향을 받을 수밖에 없었습니다. 이것이 세계 경제의 파국을 초래한 하나의 원인이 되었습니다. 연방준비제도가 통화정책을 긴축으로 가져간 한 가지 이유가 달러화에 대한 투기적 공격을 우려했기 때문이라고 내가 말했었지요. 1931년에 영국인들이 그런 상황에 직면했었다는 사실을 기억합시다. 그와 유사한 공격으로 인해 달러화가 금본위제도에서 밀려나게 될까봐 연준도 염려했던 것이지요. 그런 연유로, 금리를 내리기보다는* 금본위제도의 유지를 위해 금리를 올렸던 것입니다. 금리를 높게 유지하면 미국 내 투자가 유리해지면서 국외로의 자금 유출이 방지될 것이라고 연준은 주장했습니다. 그렇지만 이러한 긴축은 잘못된 정책이었습니다. 경제가 높은 금리를 필요로 한 것이 아니었으니까요. 1933년

---

* 만약 연준이 경기침체의 심화를 막는 것이 최우선이라 판단했다면 금리를 내렸을 것이다.

에 프랭클린 루스벨트는 금본위제도를 포기했습니다. 그러자 갑자기 통화정책의 긴축 강도가 훨씬 약해지면서 1933년과 1934년에는 경제가 매우 강력한 반등 기류를 타게 되었습니다.

연방준비제도의 두 가지 책임 중 나머지 하나는 최종대부자가 되는 일입니다. 그런데 연준은 이 금융안정 측면에서도 자신의 책무를 이해하지 못했습니다. 뱅크런에 대한 연준의 대응이 적절하지 않았던 탓에, 다수 은행이 도산하면서 은행시스템이 엄청나게 위축될 수밖에 없었습니다. 결과적으로, 은행 도산이 미국 전역을 휩쓸었습니다. 1930년대에 거의 1만 개에 달하는 은행이 도산했으니, 일부분이라 하기에는 매우 많은 국내 은행들이 도산한 것이지요.* 이러한 은행도산은 1934년 예금보험제도가 만들어질 때까지 계속되었습니다. 그렇다면 연준이 최종대부자로서 좀 더 공격적으로 행동하지 않은 이유는 무엇일까요? 도산에 직면한 은행들에게 연준이 대출을 해주시 않은 이유는 무엇일까요? 우선 일부 경우에서는 은행들이 실제로 지급능력이 부족한 상태였기 때문입니다. 그런 은행들을 구제하기 위해 할 수 있는 일은 별로 없었습니다. 이들은 농업 지역에서 대출을 시행했었고 농업 부문의 위기로 인해 그 대출은 모두 부실화되고 있었습니다. 하지만 이렇게 된 데

---

* 밀턴 프리드먼의 90회 생일 기념 컨퍼런스에서 버냉키가 행한 "논평(Remarks)"에 따르면 "대공황 기간 동안 전체 미국 상업은행의 절반 가까이가 도산하거나 다른 은행에 합병되었다"고 한다(밀턴 프리드먼, 안나 슈워츠, 『대공황 1929~1933년』, 양동휴, 나원준 옮김, 미지북스, 2010, 25쪽).

에는 연준이 청산 이론을 적어도 어느 정도는 받아들인 것으로 보이는 점도 부분적으로 작용했습니다. 청산 이론에 따르면, 신용이 지나치게 풀렸고 은행들이 전국에 필요 이상으로 넘쳐났으므로 시스템이 위축되도록 내버려두는 것이 건전한 일이었거든요. 하지만 안타깝게도 이는 올바른 처방이 아니었습니다.

프랭클린 루스벨트는 1933년에 집권했습니다. 루스벨트로서는 대공황에 대해 뭔가 해야만 하는 책무가 있었습니다. 무엇이든 나서서 시도해보려 했던 그는 여러 가지 조치를 취했습니다. 그 중 일부는 성공과는 꽤 거리가 멀었습니다. 예를 들어, 전국산업부흥법National Industrial Recovery Act으로* 불리던 조치는 디플레이션에 맞서 대항하기 위해 기업들에게 높은 가격을 유지하도록 의무화하는 내용이었습니다. 그렇지만 통화 공급량이 증가하지 않은 상태에서 이런 조치가 도움이 될 수는 없었지요. 루스벨트가 시도했던 많은 일들이 이런 식으로 효과가 없었습니다. 하지만 루스벨트가 해낸 두 가지 일 덕분에 연방준비제도가 초래했던 문제들이 크게 상쇄되었다고 나는 주장하려 합니다. 하나는 1934년에 예금보험제도, 즉 연방예금보험공사를 설립한 일입니다. 그 이후부터는, 예금주들이 은행으로 몰려가 뱅크런을 일으키게 될 유인은 사라졌습니다. 여러분이 보통의 예금주라면 은행이 도산하더라도 예금을 되

---

* 원문(p.22)에는 "National Industrial Act"로 되어 있으나, 이는 National Industrial Recovery Act가 정확한 법률명이다.

찾을 수 있게 되었기 때문이지요. 그리고 실제로, 예금보험제도가 일단 확립되고 나자, 말 그대로 매년 수천 건에 달하던 은행 도산 발생 수가 영(0)으로 뚝 떨어졌습니다. 예금보험은 믿을 수 없을 정도로 효과적인 정책이었습니다. 루스벨트가 실행한 또 다른 일은 금본위제도의 포기입니다. 이를 통해 그는 통화정책이 금본위제도의 경직적인 틀로부터 풀려날 수 있도록 했고 통화 공급량의 확대를 용인했습니다. 그 결과, 디플레이션이 종식되면서 1933년과 1934년에는 강력한 단기적인 경기 반등이 이어졌습니다. 루스벨트가 실시했던 가장 성공적인 이들 두 가지 조치로 인해, 연준이 야기했거나 아니면 적어도 연준이 자신의 책임을 다하지 않음으로써 악화시켰던 문제들이 기본적으로 상쇄될 수 있었던 것이지요.

　그렇다면 대공황이 우리에게 주는 정책적 교훈은 무엇일까요? 대공황은 다수의 원인에서 비롯된 글로벌 불황이었습니다. 그러므로 줄거리 전체를 이해하자면 국제적 시스템 전체를 살펴봐야 합니다. 하지만, 해외의 정책 오류는 물론이고 미국의 국내적 정책 오류도 중대한 역할을 실제로 수행했습니다. 특히 연방준비제도는 대공황이라는 첫 번째 시련을 맞아 자신에게 주어진 사명의 두 부분 모두에서 실패했습니다. 연준은 통화정책을 공격적으로 펼치지 않았으므로 디플레이션 및 경제 파국을 막아내지 못했습니다. 결과적으로 경제안정 기능에 실패했던 것이지요. 또한 연준은 최종대부자 기능을 마땅히 수행하지도 않았습니다. 다수 은행이 도산하도록 내버려둠으로써, 신용도, 그리고 통화 공급량도 결과적으로 줄어들도록 방치했으니까요. 그런 점에서 연준은 결국 자신의 사명을 완수하지 않은 것입니다. 경제안정 기능과 최종대부자 기능에서 연준이 실패했다는 바로 이 점이 미국의 대공황 경험이 주는 주요 교훈입니다. 우리는 이러한 교훈을 명심하면서 연방준비제도가 2008~2009년 금융위기에 어떻게 대응했는지 검토하고자 합니다.

질문과 대답

학생 의장께서는 연방준비제도가 주식시장 투기를 저지하기 위해 1928~1929년에 통화정책을 긴축했다고 언급하셨습니다. 당시 연준이 투기를 저지하기 위해 그와는 다른 조치들―예를 들어 증거금률^{margin requirements} 인상과 같은 조치들―을 취했어야 한다고 생각하시는지요?* 아니면 연준이 버블에 맞서는 어떤 조치든 그것을 취한 것부터가 잘못이었는지요?

버냉키 의장 좋은 질문입니다. 연방준비제도는 주식시장에 대해 매우 우려하고 있었습니다. 연준은 주가가 지나치게 고평가되었다고 생각했고, 그에 대한 증거도 있었습니다. 그런데 연준은 금리 인상만으로 그 문제에 접근하려 했습니다. 경제에 미치게 될 영향에 대해서는 주의하지 않은 채로 말이지요. 연준은 금리 인상으로 주식시장을 진정시키려 했고, 물론 성공했습니다! 그러나 금리 인상은 경제에도 영향을 미쳤고 중대한 부작용을 초래했습니다. 그래요, 자산 가격 버블이 위험하다는 것을 우리가 잘 알고 있기 때문에 가능한 한 버블을 해결하려 하는 것이지요. 하지만 금융규제의 방식으로 접근하여 이들 버블을 다룰 수 있다면, 그렇게 하는 쪽이 그저 금리 인상으로 버블에 대처하는 쪽보다는 버블을 좀 더 정밀 타

---

* 증거금(margin)이란 투자자가 주식 매입 계약 시 예치하는 일종의 계약금(또는 보증금)을 의미하며, 증거금률이란 주식 매입 대금 대비 증거금의 최저 의무 비율이다.

격할 수 있는 일반적 방법입니다. 금리 인상은 버블뿐만 아니라 경제 전반에 작용하기 때문이지요. 이렇게 보면, 증거금률은 그런대로 여러 가지 관행을 감안하는 수단이 됩니다. 1920년대에는 증권 중개인이 이용하던 매우 위험한 관행들이 많이 있었습니다. 오늘날의 단타 매매에 상응하는 것들이지요. 당시는 신문팔이 소년이라면 저마다 따끈따끈한 비밀 정보를 갖고 있던 시절이었습니다. 또한, 누가 주식 매매를 할 수 있는지, 증거금률은 어떠한지 등과 같은, 주식 매매의 견제·균형 장치가 많지 않던 시절이었습니다. 그러므로 당시 제1공격선의 초점이 은행 대출, 금융규제, 그리고 거래소의 작동 상태에 더 많이 두어졌어야 한다고 나는 생각합니다.

학생 금본위제도에 관해 질문을 드리겠습니다. 우리가 통화정책에 대해서, 그리고 현대 경제에 대해서 지금 알고 있는 모든 지식을 고려해볼 때, 금본위로 돌아가자는 주장이 아직도 나오는 이유는 무엇입니까? 그리고 금본위제도로의 복귀가 가능하기나 한 것인지요?

버냉키 의장 금본위로의 복귀 옹호론은 두 부분으로 구성되어 있습니다. 하나는 "달러화 가치"를 유지하려는 소망, 다시 말해 아주 긴 기간에 걸쳐 물가안정을 누리려는 소망입니다. 그런 소망은, 지폐paper money란 원래 인플레이션을 가져오는 경향이 있지만 금본위제도를 채택하면 인플레이션이 없으리라는 주장에 근거를 두고 있습니다. 내가 말한 대로, 그런 주장은 긴 기간 동안을 기준으로 보면 어느 정도 사실과 부합합니다. 그렇지만 기간을 짧게 잡아 연도별 기준으로 보는 경우, 그런 주장은 사실과 부합하지 않습니다. 이 점에 대해서는 역사를 검토해보면 도움이 될 것입니다. 금본위 옹호론자들이 동 제도로의 복귀를 바라는 또 한 가지 이유는 금본위제도가 재량을 제거해주기 때문인 것으로 생각됩니다. 금본위제도는, 예를 들어 호황 및 불황에 대해 중앙은행이 통화정책으로 대응하도록 내버려두지 않기 때문입니다. 금본위 옹호론자들은 중앙은행에게 그런 신축성을 부여하지 않는 편이 더 낫다고 말합니다.

그렇지만, 나는 금본위제도의 실행이 불가능하다고 생각합니다. 여기에는 실용적 이유와 정책적 이유가 둘 다 있습니다. 실용적인 측면에서 볼 때, 국제 금본위제도의 필요를 충족시킬 정도로 금이 충분하지 않다는 것은 있는 그대로의 사실입니다. 금본위제도에 필요한 만큼 금을 확보하려면 비용이 엄청나게 들 것입니다, 그런데 그보다 더욱 근본적인 사실은, 세상이 바뀌었다는 겁니다. 과거 영란은행이 금준비gold reserves를 거의 보유하지 않았음에도 금본위제도를 유지할 수 있었던 것은, 영란은행의 첫째, 둘째, 셋째, 그리고 넷째 우선순위가 모두 금본위제도의 유지에 있었다는 사실과 영란은행이 금본위제도의 유지를 제외한 어떤 다른 정책 목표에도 아무런 관심이 없었다는 사실을 누구나 알고 있었기 때문입니다. 하지만 금본위제도의 유지를 위해 전념하겠다는 영란은행의 의지가 충분히 확고하지 않을지도 모른다는 우려가 일단 생겨나자, 금

세 이어진 투기적 공격으로 인해 영란은행은 금본위제도에서 밀려
났습니다. 한데, 경제사가들은 제1차 세계대전 이후 노동운동이 훨
씬 더 강화되었고 실업에 대한 우려가 훨씬 더 많아졌다고 주장합
니다. 19세기 이전에는 사람들이 실업을 측정하는 일조차 하지 않
았지만, 제1차 세계대전 이후에는 실업과 경기변동에 훨씬 더 많
은 관심을 갖기 시작했지요. 그러므로 요즘 세상에서 금본위제도
에 대해 확약한다면, 이는 실업이 얼마나 악화되든 통화정책을 이
용하여 그에 대처하는 일은 결코 없을 것임을 맹세하는 의미가 될
것입니다. 그런데 금본위제도의 약속이 지켜질 것이라는 점에 대
해 만약 투자자들이 1퍼센트라도 의심을 품게 된다면, 이들은 자신
의 현금을 제시하고 금을 찾아가려는 유인을 갖게 될 것입니다. 그
리고 이것은 자기실현적 예언이 될 것입니다.* 우리는 여러 종류의
고정환율제도에 자기실현적 예언의 문제가 있다는 것을 경험한 바
있습니다. 금융위기 동안 이들 고정환율제도가 공격을 받았거든요.
금본위제도로의 충동을 이해하지 못하는 것은 아니지만, 여러분이
역사를 살펴본다면 금본위제도가 그리 잘 작동하지도 않은 데에다
제1차 세계대전 이후에는 금본위제도의 작동이 특히 엉망이 되어

---

* 여기서도 자기실현적 예언은 앞서 살펴본 금융패닉의 경우와 마찬가지 방식으로 작
동한다. 다시 말해, 금본위제도를 유지하겠다는 중앙은행의 약속에 대해 사람들이 일
단 조금이라도 의심을 품게 되면 그러한 의심이 근거가 있는 것이든 아니든 이들은 행
동―즉 중앙은행에 자신의 지폐를 제시한 후 금태환을 요구하는 행동―에 나서게 될
것이다. 만약 그 의심이 삽시간에 번져 모든 사람들이 중앙은행에 몰려가 금태환을 일
거에 요구하는 사태가 일어나면, 금본위제도가 실제로 붕괴하게 될 것이다.

버렸다는 사실을 알게 될 것입니다. 실은, 대공황이 그토록 심각한 상태로 오랫동안 지속된 주요 원인 중 하나가 금본위제도였다는 증거가 있습니다. 금본위제도를 끝까지 고수하다가 파국을 맞은 나라들에 비해, 금본위제도를 일찍 포기함으로써 통화정책의 신축성을 되찾은 나라들이 훨씬 더 빨리 회복했다는 사실은 인상적입니다.

학생 의장께서는 루스벨트 대통령이 예금보험을 이용함으로써 뱅크런 종식에 도움을 주었고, 금본위제도를 포기함으로써 디플레이션 종식에 도움을 주었다고 언급하셨습니다. 미국 경제는 1936~1937년에 더블딥에 빠진 후 1941년까지 경기침체가 내내 계속되었다고 생각합니다. 의장께서 말씀하신대로, 오늘 우리는 경기침체에서 조금은 빠져나온 상태입니다.* 우리가 어떤 것들에 대해 조심할 필요가 있다고 생각하시는지요? 다시 말해, 어쩌면 대공황 시기에 했던 실수이면서 오늘 우리가 피해야 할 것들에는 무엇이 있을까요?

버냉키 의장 그래요, 대공황이 실제로는 두 차례의 경기침체였다는 사실은 일반적으로 알려져 있지는 않습니다. 1929년에서 1933년까지는 매우 심각한 경기침체가 있었으나, 1933년부터 1937년까지는 웬만한 경제성장이 실제로 이루어졌고 주식시장도 어지간히

---

* 버냉키는 미국 경제가 글로벌 금융위기로 인한 경기침체에서 빠져나왔다는 사실에 대해 제4강에서 언급하고 있으며, 제1강에서는 그러한 언급을 하지 않았다.

회복되었습니다. 그렇지만 1937~1938년에는 경기침체가 두 번째로 찾아왔는데, 첫 번째 만큼 심각했던 것은 아니지만 그래도 심각하긴 했습니다. 두 번째 경기침체에 대해서는 많은 논쟁이 있지만, 일찍부터 제기되어온 한 가지 견해는 이 경기침체가 통화정책과 재정정책을 너무 서둘러 긴축으로 되돌린 데에서 비롯되었다는 것입니다. 1937~1938년에, 루스벨트는 재정적자를 줄이고 재정정책을 긴축으로 전환하라는 커다란 압박을 받았습니다. 연방준비제도는 인플레이션을 우려하여 통화정책을 긴축으로 전환했습니다. 많은 일들이 일어나고 있던 당시의 상황이 이렇게 단순했다고 주장하고 싶지는 않습니다만, 때 이른 정책 역전으로 인해 회복이 빠르게 진행되지 못했다는 것이 일찍부터 나온 해석이었습니다. 우리가 그와 같은 전통적 해석을 받아들인다면 경제가 어디에 와 있는지를*주의 깊게 살펴봐야 할 것입니다. 또한, 회복에 도움을 주고 있는 정책들을 되돌리기 위해 너무 빠르게 움직일 필요는 없습니다.

학생 오늘 저희가 봤던 몇몇 그래프와 여타 역사적 추세를 근거로 생각해볼 때, 불경기economic slump가 오고 나면 이후 회복하기까지 5년 또는 그보다 긴 세월이 걸리는 경우도 자주 있는 것 같습니다. 대공황 때도, 1970년대 석유위기 때도 그랬듯이 말입니다. 불경기

---

* '경제가 어디에 와 있는지'란 '경제가 경기변동 과정에서 현재 어느 국면에 위치하고 있는지'의 의미이다.

가 온 이후 때로는 5년이라는 세월이 지날 때까지 실업률이 내내 높은 수준에 머물러 있는 것이 흔한 일이라 생각하시는지요? 그래서 높은 실업률을 근거로 그동안의 정책을 비판하는 견해에 대해서는 시기상조라 생각하시는지요? 또한, 단기 처방이 지배적인 정치 환경 속에서 의장께서는 이와 같은 우려에 대해 어떻게 대처하시는지요?

버냉키 의장 글쎄요, 대공황은 특별한 사건이었습니다. 19세기에는 경제활동이 심각하게 감소했던 적이 여러 번 있었지만, 그 어떤 것도 심도나 지속 기간을 기준으로 볼 때 대공황에는 미치지 못하는 수준이었습니다. 높은 실업률은 1929년부터 시작되어 기본적으로 제2차 세계대전에 이르기까지 내내 지속되었는데, 이렇게 장기간에 걸친 높은 실업률은 이례적인 현상이었습니다. 그러므로 높은 실업률이 오래 지속되는 것을 정상적 상황이라 결론지으면 안 됩니다. 이제 좀 더 일반적으로, 어떤 연구는 금융위기에 뒤이어 경기가 회복되려면 더 오랜 시간이 걸릴 수 있다고 설명합니다. 경기회복을 위해서는 금융시스템의 건전성부터 회복될 필요가 있기 때문이라는 것이지요. 일부 논자들은, 우리가 요즘 경험 중인 최근의 회복이 더딘 한 가지 이유가 바로 여기에 있을 것이라고 주장합니다. 하지만 나는 이 문제가 아직은 해결되지 않았다고 생각합니다. 이 분야의 연구에 대해서는 현재 많은 논의가 진행되고 있습니다.

이렇게 본다면, 불경기 이후 경제가 회복되기까지 높은 실업률이 반드시 오랜 기간 동안 수반되는 것은 아닙니다. 제2차 세계대전 이후 미국이 겪었던 경기침체기를 살펴보면 회복에 2년 정도밖에 걸리지 않은 적이 매우 자주 있었습니다. 경기침체에는 일반적으로 더 빠른 회복이 이어진다는 것이지요. 전후戰後의 다른 경기침체와는 달리, 이번 경기침체는 글로벌 금융위기와 관련되어 있고 그것에 의해 촉발되었습니다. 그런 이유로 경기회복에 이미 오랜 시간이 걸리고 있는 것인지도 모릅니다. 바로 이런 점에서 이번 경기침체가 그동안의 여타 경기침체와는 다를지도 모릅니다. 정말 다른지는 다시 논쟁거리입니다만.

학생 의장께서는 불황depression이 글로벌 경기침체global recession라고 말씀하셨습니다.* 그렇다면, 각국이 자신만의 대책에 의존할 일이 아니라 좀 더 글로벌 차원의 협력이 있어야 하지 않을까요? 중앙은행들도 동일한 유형의 처방을 가지고 서로 협력해야 하지 않을까요?

버냉키 의장 연방준비제도와 각국 중앙은행들은 실제로 협력했고, 앞으로도 계속 협력할 것입니다. 대공황의 문제 중 하나는 제1차 세계대전에서 남게 된 감정의 앙금이었습니다. 19세기에는 중앙은행들 사이에 적절한 규모의 협력이 이루어졌었지요. 하지만, 1920년대에는 독일이 전쟁배상금을 지급해야 하는 상황에 직면하고 있

---

*버냉키가 실제로 한 말은 "대공황은 …… 글로벌 불황이었습니다"이다. 이 책의 45쪽 참조.

는 데에다, 프랑스, 영국과 미국은 모두 전쟁 채무를 놓고 티격태격하고 있었습니다. 그래서 국제적으로 정치 상황이 매우 나빴고, 그로 인해 중앙은행들 사이의 협력도 방해를 받았지요. 또한, 고정환율제도 하에서는 중앙은행들의 국제 협력이 아마 더욱 더 중요할 것입니다. 1920년대는 금본위제도로 인한 고정환율제도의 시기였습니다. 이는 일국의* 통화정책이 모든 세상 사람들에게 영향을 주었다는 사실을 의미합니다. 그런 이유로 더 많은 조정이 확실히 필요했지만, 실제로 조정은 일어나지 않았습니다. 어찌되었든, 오늘날에는 신축적인 환율제도 아래 조정의 필요성은 다소 줄었습니다. 환율이 시장에서 변동할 수 있게 되면서 다른 나라들이 특정국 통화정책의 영향에서 벗어날 수 있게 되었기 때문이지요. 그럼에도, 조정은 여전히 필요하다고 나는 생각합니다.

---

* 여기서 '일국'이란 내용상 미국을 가리킨다.

제2차 세계대전 이후의 연방준비제도

최근의 금융위기와 이후 진행 중인 경기회복은 역사적인 맥락에서 살펴보는 것이 큰 도움이 됩니다. 앞으로 강연이 전개되는 과정에서 나는 여러분들이 중앙은행의 두 가지 기본적 사명에 대해 주의를 기울여줄 것을 당부하고 싶습니다. 먼저 중앙은행의 첫 번째 기본 사명은 거시경제의 안정성을 유지하는 것입니다. 즉 안정적 성장을 지속하는 가운데 인플레이션을 낮고 안정적으로 유지하는 것이지요. 거시경제안정을 위한 주요 정책 수단은 통화정책입니다. 평상시에 연방준비제도를 비롯한 각국의 중앙은행은 공개시장조작—시장에서 증권을 매입하거나 매각하는 것—을 활용해 금리가 오르거나 내리도록 합니다. 그렇게 함으로써 보다 안정적인 거시경제 환경이 조성될 수 있도록 노력하는 것이지요.

중앙은행의 두 번째 사명은 금융안정을 유지하는 것입니다.

이 때 중앙은행의 초점은 금융시스템이 반드시 자신의 기능을 제대로 발휘하도록 도모하는 데에 있습니다. 특히, 중앙은행은 금융위기 혹은 금융패닉의 영향을 가능한 한 차단하고자 하며 만약 차단이 불가능하다면 적어도 그 영향만큼은 경감시키려고 하지요. 나는 제1강에서 최종대부자 기능에 대해 이야기했습니다. 이는, 금융패닉이 발생하면 중앙은행이 배저트의 원칙을 따라야 한다는 개념이지요. 여기서 배저트의 원칙이란 양질의 담보를 확보히고 범칙 금리를 부과하되 아낌없이 대부하라는 것입니다. 금융기관들에 단기대부를 제공함으로써 중앙은행으로서는 자금인출사태나 패닉을 멈추게 하거나 그 규모를 축소시킬 수 있습니다. 또한, 그에 수반되는 악영향, 즉 금융시스템과 실물경제로 피해가 커지는 것을 막을 수 있다는 것입니다.

이제 역사에 대해서 조금 이야기해볼까요. 우리는 제1강에서 역사에 관한 논의를 전개하던 중 제2차 세계대전에서 일단 그쳤었지요. 바로 그 2차 대전이 대공황을 종식시켰고 실업의 급감을 가져왔습니다. 왜냐하면 사람들이 군수공장 건설이나 후방 지원에 동원되었기 때문이지요. 전쟁의 여러 측면들 가운데 경제학자들이 주목하는 한 가지 측면은 전비가 어떻게 조달되는가 하는 것입니다. 전비의 대부분은 차입으로 조달되는 것이 보통입니다. 2차 대전 중 미국의 국가 채무도 전비 지급으로 인해 매우 큰 폭으로 늘어났습니다. 당시 연방준비제도는 자신에게 주어진 이자율 관리권한을 이용하여 저금리를 유지함으로써 재무부에 협력했습니다.

연준이 저금리를 유지해야 정부가 2차 대전의 비용을 저렴하게 조달할 수 있었기 때문이지요. 전쟁이 지속되는 동안 연준의 역할은 그런 것이었습니다.

전쟁은 끝나도 채무는 남는 법입니다. 종전 이후에도 정부는 국가 채무에 대한 이자 지급을 놓고 여전히 고심하고 있었습니다. 국가 채무 수준이 워낙 높아져 있었기 때문이지요. 바로 이런 이유로, 전쟁이 끝났는데도 저금리를 유지하라는 상당한 압력이 연방준비제도에 가해졌습니다. 그런데 그렇게 하는 데에는 문제가 있었습니다. 경제가 성장하고 경기가 회복되고 있는데도 연준이 금리를 계속 낮게 유지한다면, 자칫 경기 과열과 인플레이션 촉발이라는 위험을 무릅쓰는 셈이 되기 때문입니다. 저금리를 유지해오면서도 바로 이런 문제로 인해 연준은 미국 경제의 인플레이션 전망에 대해 상당히 우려하고 있었습니다. 1951년까지는 그랬습니다. 일련의 복잡한 협상을 거쳐 재무부는 연준이 경제안정을 달성하기 위해 필요에 따라 정책 금리를 독자적으로 결정하도록 허용키로 1951년 동의했거든요. 연방준비제도-재무부 협약^{Fed-Treasury} ^{Accord}으로 불리는 당시 합의는 매우 중요했습니다. 왜냐하면 이 협약은 연준이 독립적으로 운영되어야 한다는 점을 정부가 분명히 인정한 최초의 사건이었기 때문입니다. 오늘날에는, 독립적으로 운영되는 중앙은행이 정부가 지배하는 중앙은행보다 더 바람직한 결과를 가져오기 마련이라는 점에 대해 매우 강력한 합의^{consensus}가 전 세계적으로 형성되어 있습니다. 구체적으로, 독립적인 중앙은행은 예를 들면 단기적인 정치적 압력—선거철을 앞두고 경기를 부양하려는 정치권으로부터의 단기적 압력—에 휘둘리지 않을 수 있습니다. 그렇게 함으로써 중앙은행이 훨씬 더 장기적인 관점을 채택할 수 있게 되고 보다 나은 결과를 가져올 수 있는 것이지요. 이를 뒷받침하는 증거는 상당히 강력합니다. 그 결과, 전 세계의 주요 중앙은행들은 일반적으로 독립성을 확보하고 있습니다. 이 말은 중앙은행들이 단기적인 정치적 압력과는 무관하게 정책을 결정한다는 뜻이지요.

1950년대와 1960년대에 연방준비제도의 일차적인 관심사는 거시경제의 안정이었습니다. 이 기간 동안 통화정책은 상대적으로 단순했습니다. 왜냐하면 경제가 성장하고 있었기 때문이지요. 제1차 세계대전 이후 그랬던 것처럼 제2차 세계대전 이후에도 미국 경제는 지배적인 위치에 있었습니다. 2차 대전이 종료되고 나면 대공황이 다시 시작될 것이라는 우려는 현실화되지 않았던 것이지요. 그런 덕분에, 큰 폭의 성장이 이루어졌습니다. 연방준비제도는 소위 "바람에 맞서 대응하는lean against the wind" 통화정책, 즉 경기대응적 통화정책을 추구했습니다. 이는 경제가 빠르게 (혹은 너무 빠르게) 성장하고 있을 때에는 과열을 억제하기 위해 긴축에 나서고 반대로 경제가 좀 더 느리게 성장할 때에는 경기침체를 피하기 위해 금리를 낮춰 팽창적 자극을 조성함으로써 경기부양에 나서는 것을 의미합니다. 1951년부터 1970년까지 연방준비제도 의장을 지낸 윌리엄 맥체스니 마틴*은 인플레이션 위험에 대해 매우 조심하는 입장이었습니다. "인플레이션은 남몰래 밤에만 찾아오는 도둑"이라 말한 적도 있었지요. 그는 "바람에 맞서 대응하는" 통화정책을 통해 인플레이션 및 경제성장을 안정적으로 유지하기 위해 노력했습니다. 1950년대는 여러분이 생각하는 것보다는 아마도 더 거칠었던 격동의 시기였습니다. 심각했던 한국전쟁에다, 경기침체까지 두 차례 있었으니까요. 그럼에도, 제2차 세계대전이 종료된 이후 민간부문의 경제 내 역할이 회복됨에 따라 기본적으로 1950년대는 생산적이었던 번영의 십년이었습니다.

하지만 문제가 전혀 없는 상황이 지속되지는 않았습니다. 1960년대 중반을 시작으로 통화정책이 지나치게 완화적으로 바뀌었거든요. 이렇게 된 데에는 여러 이유가 있었으며, 여기에 대해서는 나중에 논의하겠습니다. 더욱이, 연방준비제도가 그와 같은 정책 기조를 변경하지 않고 한 동안 유지해나가자 이 완화적 통화정책은 인플레이션 및 기대인플레이션의 급등을 초래했습니다. 그림 7은 인플레이션 그래프입니다. 보시다시피, 1960년부터 1964년까지 인플레이션은 평균적으로 매년 1퍼센트를 약간 웃도는 수준이었을 뿐입니다. 하지만 베트남전쟁이 한창이던 1965년부터 1969년까지의 기간 동안에는 인플레이션이 급등했습니다. 1970년대 초에는 더욱 높은 수준으로 올라갔습니다. 1970년대 말에는 소비자

___

* 연준의 아홉 번째 의장이자 최장수 의장으로서 "파티가 막 달아오르기 시작할 때 술잔을 치워버리는 것이야말로 연준이 해야 하는 일이다"라는 명언을 남긴 것으로 유명하다.

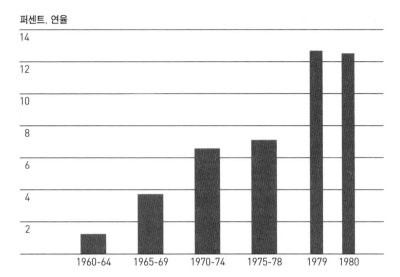

퍼센트, 연율

| | 1960-64 | 1965-69 | 1970-74 | 1975-78 | 1979 | 1980 |

그림 7. 소비자물가지수 기준 인플레이션, 1960~1964년에서 1980년까지

주: 기초부터 기말까지의 연간 퍼센트 변화율.

자료: 노동통계국(Bureau of Labor Statistics)

물가지수^{CPI} 기준 인플레이션율이 정점인 약 13퍼센트 수준으로까지 도달해 있었습니다. 1960년대 중반을 시작으로 1970년대에 들어와서도 인플레이션은 내내 더 커지기만 했던 문제였습니다.

1970년대에 인플레이션이 문제가 될 정도로 통화정책이 완화적이었던 이유는 무엇이었을까요? 한 가지 설명은 기술적인 내용입니다. 경제가 인플레이션 압력을 발생시키지 않으면서 얼마나 빠르게 성장할 수 있는지에 대해 통화정책 입안자들이 지나치게 낙관적이었다는 것이지요. 실업률을 3~4퍼센트라는 낮은 수준으로 유지할 수 있다고 보는 것이 당시의 일반적인 견해였습니다. 인플레이션을 약간만 더 높게 유지하면 3~4퍼센트의 실업률이라는 높은 고용수준을 달성할 수 있을 것으로 본 것이지요. 1950년대와 1960년대 초 번영을 구가하는 가운데 연방준비제도는 그와 같은 접근을 따르기 시작했습니다. 여기에는 실제로 매우 미묘한 논점이 있었습니다. 1950년대와 1960년대 초의 경제 이론 및 실제는 인플레이션과 실업 사이에 지속적인 상충 관계^{trade-off}가 있음을 시사하고 있었습니다. 이는, 만약 인플레이션을 정상보다 약간 더 높은 수준에서 지속적으로 유지할 수 있다면 더 높은 고용과 더 낮은 실업을 지속적으로 유지할 수 있을 것이라는 개념이었습니다. 당시에는 많은 경제학자들이 이와 같은 견해를 받아들였지요.

하지만, 이러한 견해로 인해 앞으로 문제가 야기될 것이라고 1960년대 중반 자신의 논문에서 꽤 예언적인 주장을 개진한 사람이 있었습니다. 바로 유명한 화폐경제학자였던 밀턴 프리드먼이었습니다. 프리드먼은 인플레이션의 상승이 단기적으로는 실업의 감소를 수반할 수도 있겠지만 이는 기껏해야 일시적인 효과일 것이라는 주장을 폈습니다. 막대 사탕에 비유해봅시다. 여러분이 막대 사탕을 먹으면, 단기적으로는 에너지가 넘쳐나겠지만, 좀 더 시간이 지나면 결국 살만 찌게 되겠지요. 이와 마찬가지로, 통화정책을 통해 실업률을 지나치게 낮은 수준으로 유지하려는 시도는 결과적으로 인플레이션을 초래하고 만다는 것이 프리드먼의 주장입니다. 이는 결과적으로 상당한 선견지명이었던 것으로 판명되었습니다.

이 기간 중 통화정책을 지나치게 완화적으로 유지하도록 하는 정치적 압력이 연방준비제도에 가해졌는지 여부는 오늘날까지도 여전히 논란거리입니다. 어쨌든 이 기간에도 정부는 재정적자를 다시 한번 경험했으니까요. 제2차 세계대전부터 1951년까지의 기간에 그랬듯이 말입니다. 당시 정부는 베트남전쟁 및 위대한 사회the Great Society 프로그램*을 위한 재원 조달에 애쓰고 있었습니다. 어쩌면 이런 부분이 당시 연준의 행동에 영향을 미쳤을지도 모르지요.

통화정책이 지나치게 완화적이지 않은 상황에서 인플레이션이 지속될 수는 없는 일입니다. 그런 의미에서 밀턴 프리드먼은 "인플레이션은 언제 어디서나 화폐적 현상"이라 말한 바 있습니다. 이것은 인구에 회자되는 또 하나의 명언이 되었지요. 그렇지만, 문제가 당시 더욱 악화되었던 것은 지나치게 완화적이던 통화정책 이외에 다른 요인들도 여럿 작용한 탓이었습니다. 그런 만큼 연방준비제도로서도 인플레이션의 상승을 상쇄시키기가 더욱 어려웠지요. 첫째, 석유와 식료품 가격에 다수의 충격이 있었습니다. 일례를 들면, 1973년에는 매우 두드러진 충격이 발생했습니다. 1973년 10월, 중동 지역에서 욤키푸르전쟁이 발발했던 것입니다. 미국의 이스라엘 지원에 대한 보복으로 석유수출국기구OPEC는 자신이 가

---

* '위대한 사회' 프로그램이란 교육과 의료의 증진, 빈곤 퇴치 등을 내세운 린든 존슨 행정부의 정책 패키지를 지칭한다.

진 카르텔로서의 힘을 이용하여 석유 수출을 금지시켰습니다. 그 결과, 1970년대 초 유가가 단시간 내에 거의 네 배로 뛰는 바람에 심각한 연료비 급등이 초래되었지요. 사람들은 연료 탱크를 채우기 위해 주유소에 줄을 서야 했습니다. 또한, 연료 배급을 위해 홀짝 제도가 시행되기도 했습니다. 이에 따라 자동차의 번호판 숫자가 짝수라면 주유소에 화요일과 목요일에만 갈 수 있었고, 반대로 홀수라면 월요일과 수요일에만 갈 수 있었지요. 당시 연료 배급제도는 무척 심각한 이슈였으며 연료비에 대해서도 (요즘처럼) 불만들이 아주 많았습니다.

1960년대 말에서 1970년대 초까지의 기간 중에는 재정정책도 전반적으로 지나치게 느슨했습니다. 베트남전쟁과 정부의 다른 지출 프로그램들로 인해 정부 지출이 늘었고 재정적자도 확대되었습니다. 이는 경제의 생산 능력에 추가적인 압박으로 작용했습니다.

내가 간단히 언급하려는 또 다른 요인은 임금-가격 통제 정책입니다. 인플레이션이 1970년대 초 5퍼센트에 근접한 수준으로 상승하자 리처드 닉슨 대통령은 일련의 법안을 통해 기업의 가격 인상을 금지하는 임금-가격 통제 정책을 도입했습니다. 물론 여기에는 예외도 있었고 그런 예외 여부를 판단하기 위해 온갖 종류의 위원회가 만들어졌지요. 기본적으로 이것은 아주 실패한 정책이었습니다. 아시다시피, 물가란 경제의 자동 온도조절 장치 같은 것입니다. 물가라는 메커니즘에 의해 경제가 작동하는 것이니까요. 따라서 임금 및 물가에 통제를 가한다는 것은, 경제 전반적으로 물자의 부족은 물론 온갖 종류의 다른 문제들도 봇물처럼 쏟아져 나오게 됨을 의미하는 일이었습니다. 게다가, 이런 통제는 밀턴 프리드먼이 지적한대로 아궁이가 너무 뜨거워졌다고 온도조절기를 부숴버리는 것이나 다름없는 일이었습니다. 당시 경제의 근본적인 문제는 총수요 압력이 너무 커서 물가가 치솟고 있다는 사실이었습니다. 그저 가격 인상을 금지하는 법안을 통과시킨다고 해서, 지나치게 완화적인 통화정책과 과도한 수요 압력이라는 근본적인 문제가 해결될 리 없었지요. 임금-가격 통제 정책으로 인플레이션이 2년간 인위적으로 낮은 수준에 묶여 있게 되었고, 그 바람에 연방준비제도가 경제 상황의 진행을 정확히 파악하기란 더욱 어려웠습니다. 임금-가격 통제 정책은 경제 내에 수많은 인접한 문제들을 양산하며 결국 엉망인 상태로 붕괴했습니다. 그러자 마치 눌려있던 용수철이 튀어 오르듯, 인플레이션이 치솟았습니다. 당시 인플레이션의 상승에는 이처럼 여러 가지 요인들이 작용했던 것입니다.

1970년대에 연방준비제도 의장을 지낸 아서 번스*는 "세상이 급변하는 시기엔 실수하게 될 기회 또한 많아지는 법"이라고 말한 적이 있습니다. 물론 옳은 말씀이지요. 정책적 실수라는 맥락에서 이 기간 전체를 이해하는 한 가지 방식은, 제2차 세계대전과 함께 대공황이 끝난 상태에서 종전 이후 번영을 경험하게 되자 경제학자들이든 정책 입안자들이든 경제를 안정적으로 관리하는 스스로

---

* 재임 기간은 1969~1978년이다.

의 능력에 대해 다소 과신하게 되었다는 것입니다. 그들은 미세 조정fine tuning이라는 용어를 사용했는데, 이는 연준과 재정정책 및 여타 정부 정책을 통해 경제가 거의 완벽하게 정상 궤도를 유지하도록 할 수 있다는 생각을 가리킵니다. 그러므로 어떤 충돌이나 요동도 걱정할 필요가 없다는 것이었지요. 하지만 이런 생각은 결과적으로 지나친 낙관과 지나친 자만이었음이 밝혀졌습니다. 1970년대를 거치면서 우리 모두가 그런 사실을 깨닫게 되었지요. 정책 입안자들의 노력이 원래의 목표였던 더 낮은 실업률을 달성하지 못한채, 오히려 인플레이션의 급등만 초래했으니 말입니다. 그러니까여기서 한 가지 논지는 우리가 조금 겸손할 필요가 있다는 것이 되겠네요. 이 논지는 어떤 복잡한 시도에도 적용되어야 할 것입니다.

1970년대의 인플레이션 상승에는 반작용이 따랐습니다. 이 반작용이 이루어진 시기의 핵심 인물은 폴 볼커 연방준비제도 의장입니다. 볼커는 오늘날까지도 경제정책에 대한 논의에서 여전히 영향력이 큰 인사입니다. 미국 경제의 성과가 좋지 않아 재선 전망이 심각하게 위협 받고 있던 지미 카터 대통령은 볼커를 연준의 새 의장으로 지명했습니다. 그 지명의 배경에는 볼커가 완강한 중앙은행가로서 인플레이션 통제를 위해 필요한 일들을 해낼 것이라는 생각이 부분적으로 자리 잡고 있었습니다. 그리고 2미터가 넘는 거구에 큰 시가를 입에 문 볼커의 인상 또한 강력한 조치를 기꺼이 시행할 것 같은 존재감을 확실히 각인시키는 것이었습니다. 의장에 취임한 지 채 몇 달도 되지 않아 볼커는 인플레이션 문제 해결을 위해 강력한 조치가 필요하다는 결단을 내렸습니다. 1979년 10월, 볼커와 연방공개시장위원회^{FOMC}(연준의 통화정책을 결정하는 위원회)는 기존 방식과는 전혀 다른 새로운 통화정책 운용 방식을 확립함으로써 과거와의 강력한 단절을 실행에 옮겼습니다.* 기본적으로, 이 조치 덕분에 연준은 금리를 아주 급격히 끌어올릴 수 있었습니다. 금리를 인상하면 경제성장이 완만해지고 인플레이션 압력이 진정되거든요. 볼커가 말한 바와 같이 "인플레이션의 악순환을 깨뜨리기 위해서는 통화정책이 신뢰할만해야 하고 엄정해야 합니다." 이 정책은 효과가 있었습니다. 동 프로그램이 개시된 지 수년 만에, 인플레이션이 급락했거든요. 그림 8을 보면, 1980년부터 1983년까지 인플레이션율이 12~13퍼센트로부터 약 3퍼센트 수준으로까지 줄곧 떨어졌음을 알 수 있습니다. 비교적 신속하게 인플레이션이 진정되면서 1970년대 후반의 문제들을 상쇄시켰던 것이지요. 그런 점에서, 1980년대의 정책은 꽤 성공적이었습니다. 인플레이션 통제라는 정책 목표를 달성했으니까요. 하지만 모든 일에는 대가가 따르는 법입니다. 그 정책이 초래한 영향들 가운데한 가지는, 소비자와 기업에 적용되는 금리가 지나치게 급격히 인

---

* 여기서 '기존 방식과는 전혀 다른 새로운 통화정책 운용 방식을 확립'했다는 것은 구체적으로, 연준이 통화정책의 운용 목표를 기존 연방자금금리에서 새로운 비차입지준(non-borrowed reserves)으로 변경한 것을 가리킨다. 이 조치는 1982년 10월까지 지속되었으며, 동 기간 중에는 운용 목표인 비차입지준 타겟팅을 위해 연방자금금리의 커다란 변동성이 용인되었다. 한국은행, 『한국의 통화정책』, 2012.12, 50~52쪽 참조.

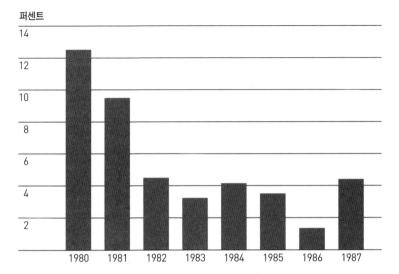

퍼센트

그림 8. 소비자물가지수(CPI) 기준 인플레이션, 1980~1987년
주: 기초부터 기말까지의 연간 퍼센트 변화율.
자료: 노동통계국(Bureau of Labor Statistics)

상된 것이었습니다. 당시 나는 대학원을 갓 졸업한 상태였습니다. 1981년 또는 1982년 즈음 주택을 살 수 있을지 살펴보다가 30년 만기 주택담보대출 금리가 18.5퍼센트라는 것을 알게 되었던 기억이 납니다. 그러니까 당시에는 금리가 정말 높았다는 것이지요. 그로 인해 인플레이션과 함께 경제활동 자체도 위축되었음은 쉽게 예상할 수 있는 일이지요.

그림 9는 이 기간 동안의 실업률을 보여줍니다. 고금리는 인플레이션을 끌어내리기 위해 필요했습니다. 하지만 고금리는 매우

퍼센트

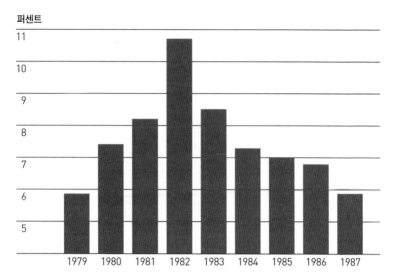

그림 9. 실업률, 1979~1987년

주: 4분기 수치.

자료: 노동통계국(Bureau of Labor Statistics)

극심한 경기침체도 초래했고, 그로 인해 1982년 실업률은 거의 11 퍼센트에 달했습니다. 이는 글로벌 금융위기에 뒤이은 가장 최근 의 경기침체에서 우리가 경험한 실업률보다도 더욱 높은 수준이었 습니다. 이렇게 보면, 볼커의 조치로 인해 상당히 부정적인 부작용 이 빚어졌던 것이 틀림없습니다.

연방준비제도와 볼커 의장에게 가해진 정치적 압력이 격렬 했으리라는 사실은 여러분도 상상할 수 있을 겁니다. 그 시절에는 2×4인치 규격의 작은 메모지에 글을 적어 연방준비제도로 편지를 보내는 것이 유행이었습니다. 그런데 그 메모지에는 "건설업 학살을 중단하라"거나, "농민을 구제하라" 등의 구호가 적혀 있곤 했습니다. 그런 정도로 고금리 정책이 경제에 아주 부정적인 부작용을 가져왔던 것이었지요. 나는 지금도 내 책상 위에 당시의 몇몇 메모지를 보관하고 있습니다. 그 이유는 인플레이션이 우려할만한 문제라는 점, 그리고 항상 물가안정에 주의를 기울여야 한다는 점을 스스로에게 상기시키려고 하는 것입니다. 한편, 이것은 독립성이 왜 중요한가를 보여 주는 일례이기도 합니다. 만약 볼커가 선출직 정치인들처럼 재선을 거쳐야 했다면, 자신의 정책을 밀고 나갈 수 없었을 것입니다. 하지만 재선과는 무관했기에, 그는 독립적인 통화정책을 고집할 수 있었습니다. 볼커는 적어도 자신의 정책을 지속해 나갈 수 있을 만큼의 충분한 지원을 로널드 레이건 대통령과 의회로부터 각각 받았습니다.* 그런 덕분에 그는 결국 인플레이션을 잡는 데 성공했던 것이지요.

1970년대에는 산출과 인플레이션의 변동성이 매우 컸습니다. 당시 우리는 인플레이션이 얼마나 크게 위아래로 변동했는지를 경험했습니다. 석유수출국기구의 금수조치에 뒤이어, 1973~1975년 기간에는 매우 극심한 경기침체가 진행되었습니다. 그런 다음, 볼커가 인플레이션을 끌어내리는 동안 경제가 다시 경기침체로 접어

---

* 볼커는 1979년 카터 대통령에 의해 연준 의장으로 임명된 후, 1983년 레이건 대통령에 의해 재임명되었다.

들면서 1980년대 초에는 산출 변동성이 더욱 커졌습니다.

볼커는 1987년 의장직을 떠났으며, 그 자리는 앨런 그린스펀이 물려받았습니다. 그린스펀은 1987년부터 2006년까지 거의 19년 동안 연방준비제도 의장으로 재직했습니다. 그린스펀이 의장으로 재임하던 대부분의 기간에 걸쳐 그가 달성해 낸 중요한 업적 가운데 하나는 고도의 경제안정을 성취한 일이었습니다. 그가 말한 대로 "고도로 안정적인 경제 환경은 미국 내 …… 생활수준이 인상적으로 향상되는 데에 중요한 요인으로 작용해왔습니다." 경제안정의 측면에서 아주 많은 개선이 있었기에 이 시기는 대완화기Great Moderation로 알려지게 되었습니다. 이는 1970년대의 대스태그플레이션기Great Stagflation 또는 1930년대의 대공황기Great Depression와 대비가 되는 기간이지요. 대완화기는 매우 현실적이고 뚜렷한 현상이었습니다. 그림 10은 1950년부터 거의 최근까지 실질 GDP 증가율의 변동성을 보여주고 있습니다. 곡선은 분기별 GDP 증가율을 나타냅니다. 그러니까 곡선에서 가파르게 올라간 정점은 GDP 증가율의 상승에, 정점 직후의 가파른 하락은 GDP 증가율의 감소에 각각 해당하는 것이지요. GDP 증가율은 분기별 수치인데, 이들이 순환변동하는 모습—경제성장이 빠르게 진행되는 기간과 경제성장이 느리게 진행되는 기간이 번갈아 나오는 모습—이 보입니다. 그래프 왼쪽의 음영 부분은 GDP 증가율의 단위 표준편차 구간을 표시합니다.* 이 경우, 기본적으로 표준편차는 1950년부터 1985년까지의 기간 중 분기별 GDP 증가율의 평균적 변동성을 측정하는

퍼센트 변화, 연율

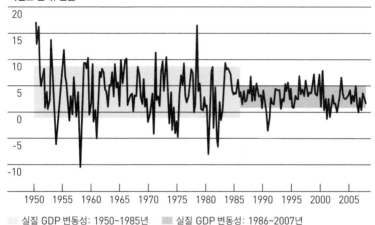

실질 GDP 변동성: 1950~1985년   실질 GDP 변동성: 1986~2007년

그림 10. 실질 GDP 증가율, 1950~2010년

주: 분기 자료임. 그래프의 음영 부분은 표본기간 중 자료 평균치의 위와 아래로 각각 단위 표준
편차에 해당되는 구간으로, 단위 표준편차는 자료의 변동성을 재는 일반적 척도임.
자료: 경제분석국(Bureau of Economic Analysis)

척도입니다. 통 기간 전체를 놓고 볼 때 GDP 증가율은 변동 폭이
꽤 컸음을 알 수 있습니다. 경제 내에 상당한 변동성이 있었던 것
이지요. 이는 같은 기간 중 경기침체가 여러 차례 발생한 데다, 특
히 1973년과 1981년의 경기침체가 심각했음을 반영합니다. 이제
1986년부터 2007년경까지의 기간에는 GDP 변동성이 어떠한지
살펴보기 바랍니다. 분기별 변동성은 이전보다 훨씬 작아졌습니다.

---

*여기서, 단위 표준편차(σ) 구간이란 표본기간 중 GDP 증가율 평균치의 위와 아래로
각각 σ에 해당되는 구간, 즉 [평균치$\pm\sigma$]의 범위를 의미한다.

그래프 오른쪽의 음영 부분은 이 후자의 기간 중 GDP 증가율의 단위 표준편차 구간으로서 평균적 변동성을 나타냅니다. 대략 20년에 걸친 이 기간 동안 경제가 그 이전에 비해 훨씬 더 안정적이었다는 사실은 매우 인상적입니다.

대완화기 동안 경제가 매우 안정적이었다는 사실은 실질 GDP 증가율에만 국한되어 나타난 것이 아니었습니다. 인플레이션에서도 나타났거든요. 그림 11은 기본적으로 바로 전의 그림과 똑같은 양상을 보여 줍니다. 그래프의 전체 기간은 1986년 이전과 이후로 나누어집니다. 그래프는 소비자물가지수로 측정한 분기별 인플레이션을 보여줍니다. 여기서도, 그래프 왼쪽의 음영 부분은 1986년 이전 기간에 대해 단위 표준편차로 나타낸 인플레이션의 평균적 변동성을 보여줍니다. 1970년대에 인플레이션이 엄청나게 급등했다는 사실을 알 수 있습니다. 그런 다음 1986년 이후에는 변동성이 훨씬 작아졌다는 사실도 알 수 있습니다. 결국, 성장과 물가 둘 다 상당히 주목할만한 정도로 안정화되었습니다. 이런 사실에 대해서는 경제학자들이 매우 자주 언급한 바 있습니다. 그래서 이 시기를 대완화기라고들 부르는 겁니다.

1980년대 중반부터 2000년대 중반 사이에 경제가 훨씬 더 안정적이었던 이유가 무엇이었을까요? 이러한 의문에 대해서는 많은 연구가 이루어졌습니다. 고도의 안정성을 조성하는 데에 통화정책의 역할이 있었다는 점에 대해서는 꽤 많은 증거가 있습니다. 특히 1980년대 초 인플레이션을 낮추려는 볼커의 노력은 단기적으로는

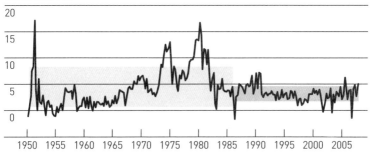

퍼센트 변화, 연율

소비자물가지수의 변동성: 1950~1985년
소비자물가지수의 변동성: 1986~2007년

그림 11. 소비자물가지수 기준 인플레이션, 1950~2010년

주: 분기 자료임. 그래프의 음영 부분은 데이터의 표본기간 중 자료 평균치의 위와 아래로 각각
단위 표준편차에 해당하는 구간임.

자료: 노동통계국(Bureau of Labor Statistics)

극심한 침체와 커다란 고통을 가져오기도 했습니다만, 반면에 그
에 따른 보상도 있었습니다. 경제가 훨씬 더 안정화되었다는 것이
바로 그 보상이었습니다. 구체적으로, 인플레이션이 낮은 수준에서
안정되었고, 통화정책이 더 안정적으로 운영되었으며, 기업인과 가
계가 각각의 입장에서 경제에 대해 갖는 확신이 강화되었습니다.
이 중에서 특히, 기업인과 가계의 확신은 광범위한 경제안정에 매
우 크게 기여했습니다. 인플레이션과 실업 사이에 장기적 상충 관
계가 존재하지 않는다는 프리드먼의 지적을 떠올려 봅시다. 인플
레이션을 조금 더 높게 유지한다고 해서 그것으로 실업을 영구적
으로 낮출 수 있는 것은 아니라는 겁니다. 맞는 말씀이지요. 하지

만, 낮고 안정적인 인플레이션을 프리드먼의 지적과는 다른 의미에서 평가해볼 수도 있습니다. 낮고 안정적인 인플레이션이 장기에 걸쳐 지속된다면, 그 덕분에 경제가 더욱 안정적으로 되고 건전한 성장, 생산성 및 경제활동에도 도움이 된다는 것이지요. 인플레이션이 낮다는 사실은 그래서 매우 좋은 일입니다. 한편 1980년대에는 인플레이션이 감소하는 일이 생겨났는데, 이는 글로벌한 현상이었음이 확실합니다. 1980년대에는 인플레이션 문제를 안고 있는 나라들이 다수 있었습니다만, 전 세계적으로 각국은—심지어 개발도상국까지도—인플레이션을 꽤 큰 폭으로 끌어내렸거든요. 이와 같은 인플레이션의 감소는 1980년대 중반부터 경제성장 및 경제안정에 긍정적으로 작용해온 한 가지 요인입니다.

대완화기가 전적으로 통화정책에 의해서만 도래했던 것은 아닙니다. 그 외의 다른 요인들도 역할을 수행했던 것이 분명하니까요. 그 중 한 가지는 경제의 일반적 구조 변화입니다. 일반적 구조 변화의 일례로, 어떻게 해야 훨씬 더 효율적으로 재고를 관리할 수 있는지를 기업들이 시간을 두고 깨닫게 된 것을 들 수 있겠습니다. 이른바 적기공급just-in-time 방식의 재고관리에서는, 생산에 필요한 시점에 맞추어 부품을 공급받게 되므로 기업들이 재고를 대량으로 보유하지 않습니다. 이렇게 되면 경기변동을 야기하는 한 가지 중요한 원인이 약화됩니다. 만약 재고를 많이 보유한 상태에서 수요가 위축된다면, 기업은 자신의 재고가 소진될 때까지 상당한 기간 동안 생산을 더 이상 하지 않게 되기 때문이지요. 재고관리의 개선은 경제의 안정성을 높여준 요인들 가운데 한 가지 예일 뿐이며, 이것 말고도 다른 많은 요인들을 들 수 있습니다. 경영 관행의 개선을 비롯한 경제 내 다수의 요인들이 상황을 안정적으로 만드는 데에 도움이 되었거든요. 또한, 그저 운이 더 좋았다고도 할 수도 있을 것입니다. 대완화기 동안에는 경제안정을 해치는 유가 충격 등의 사건들이 그 이전에 비해 상대적으로 적게 일어났거든요. 이런 측면도 대완화에 역시 기여했을 것입니다. 어쨌든, 그림 10과 그림 11이 보여주듯이 1980년대 중반 이후 경제의 움직임에는 매우 두드러진 변화가 있었습니다.

대완화기가 갖는 또 다른 측면은 미국에서 대형 금융위기가 일어나 커다란 피해를 준 적이 한 번도 없었다는 사실입니다. 1987년에 주식시장 붕괴가 한 차례 있었지만 그로 인한 피해가 크지는 않았습니다. 이것보다는 1990년대 말 닷컴 주식 가격이 치솟았다가 순식간에 꺼져버렸던 사건이 더 중요했습니다. 하지만 이 사건도 2001년 완만한 경기침체를 가져오는데 그쳤을 뿐입니다. 그런데 이러한 대완화의 경험을 하게 되면서, 사람들은 실물경제의 안정성만 높아진 것이 아니라 금융시스템의 안정성 역시 높아진 것으로 인식하게 되었습니다. 그 결과, 대완화기 동안에는 금융안정 정책의 중요성이 그리 강조되지 않게 되었던 것이지요.

이제 금융위기의 서막을 살펴보기로 합시다. 최근의 위기를 마침내 야기했던 핵심적 사건 가운데 하나는 주택 가격이 큰 폭으로 오른 것이었습니다. 그림 12는 2000년 1월의 가격지수를 100으로

하여 기존 단독주택의 가격을 보여줍니다. 1990년대 말부터 2006년 초까지 주택 가격은 전국적으로 약 130퍼센트 만큼 상승했습니다. 곡선이 위로 치솟아 오르는 것이 보일 겁니다. 정말 급격하게 주택 가격이 오른 것이지요. 나중에 논의하게 되겠지만, 이런 주택 가격의 급등이 진행되는 것과 동시에, 혹은 그 급등이 진행되는 과정 중 어쩌면 약간 뒤의 시점부터, 주택 구입을 위한 신규 주택담보대출의 심사 기준이 저하되기 시작했습니다. 이젠 분명해졌지만, 주택 버블 또는 주택 가격 상승을 불러오게 된 큰 부분은 심리적인 것이었습니다. 결국 1990년대 말은 기술주tech stocks에 대해, 그리고 좀 더 일반적으로는 주식시장에 대해, 상당한 낙관론이 팽배했던 기간입니다. 그런 낙관론이 넘치다보니 그 일부분이 주택시장으로도 퍼져 갔던 것이 분명합니다. 그런 가운데, 주택 가격이 계속 오를 것이므로 주택은 "손해 볼 수 없는" 투자라는 인식이 힘을 얻어 갔습니다. 이런 일이 벌어지기 전이긴 합니다만, 나는 캘리포니아에서 한동안 살았던 적이 있습니다. 그 시기에는 마침 주택 가격이 오르고 있었지요. 당시 칵테일 파티에서는 누구나 할 것 없이 "지금 살고 계신 집은 시가가 얼마인가요?"라든가 "집으로 얼마나 돈을 버셨나요?"라 묻는 것이 대화의 전부였습니다. 직장에 다니며 일하는 것이 오히려 불필요해 보일 정도였지요. 왜냐하면 부동산 매물 목록만 계속 확인하기만 하면 돈을 많이 벌 수 있다고 생각되는 분위기였기 때문입니다. 주택 가격이 오르고 있어서 누구나 부자가 된다는 사실에 대해 다들 엄청나게 들떠 열광하게 되었

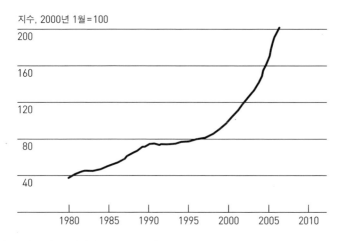

지수, 2000년 1월=100

그림 12. 기존 단독주택 가격, 1980~2005년

주: 매입 거래만 포함.

자료: CoreLogic

던 것이지요. 이런 일이 벌어지면서 동시에 신규 주택담보대출의 심사 기준은 점점 더 저하되었습니다. 그로 인해, 점점 더 많은 사람들이 주택시장으로 모여들었고 가격은 더욱 더 오르게 되었습니다.*

　　주택담보대출의 건전성에 대해 잠깐 이야기해보겠습니다. 2000년대 초반 이전에는 주택 구입자들이 집값의 10퍼센트나 15퍼센트, 어쩌면 20퍼센트에 해당하는 커다란 액수의 자기자금down

---

*　버냉키는 1979~1985년 기간 중 캘리포니아에 거주한 것으로 알려져 있는데, 그 당시 자신이 경험했던 분위기를 서술하면서 문단의 마지막 두 문장에서는 지난 서브프라임 사태 직전의 상황을 묘사한 것으로 보인다.

payment을 부담하도록 요구받는 것이 일반적이었습니다. 그래서 이들은 연봉의 4~5배에 달하는 대출을 받아야 하는 적이 많았습니다. 주택 구입자들이 이런 대출을 받기 위해서는 자신의 자금 사정(소득, 자산 등)에 관한 상세한 증빙을 첨부해야 했습니다. 이는 자신들의 대출 신청을 은행이 승인하도록 설득하기 위해서였지요. 그런데 주택 가격이 오르면서 많은 대부자들이 자격 요건에 미달하는 차입자들에게도 주택담보대출을 제공하기 시작했습니다. 이른바 비우량 주택담보대출nonprime mortgage이 그것입니다.[3] 이런 유형의 주택담보대출을 얻는 데에는 많은 경우 자기자금도, 증빙서류도 거의 필요하지 않았습니다. 기본적으로, 주택담보대출을 시행하는 대부자들이 신용 스펙트럼의 더 아래쪽을 향해 이동해가고 있었습니다. 다시 말해, 대부자들은 점점 더 많은 수의 저신용자들에게로 대출을 확대해나가고 있었던 것이지요. 여러분은 이러한 사실을 서로 다른 다양한 방식으로 확인할 수 있습니다. 그림 13a는 매년 조성된 신규 주택담보대출 전체 건수 가운데 비우량 주택담보대출 건수의 비율입니다(여기서 비우량 주택담보대출이란, 서브프라임 주택담보대출이나 준우량Alt-A 주택담보대출, 혹은 여타 저신용 주택담보대출을 가리킵니다). 특히 2000년대 중반과 2006년에 이 비율이 급등했음을 알 수 있습니다. 그 당시, 전체 신규 주택담보대출 가운데 거의 3분의 1이 비우량 대출이었습니다. 그림 13b는 주택담보대출의 건전성 저하를 또 다른 지표를 통해 보여주고 있습니다. 매년 조성된 신규 비우량 주택담보대출 전체 건수 가운데 증빙서류가 요구

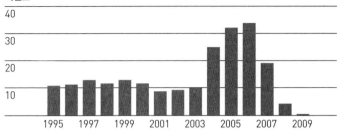

(a) 퍼센트

40
30
20
10

1995 1997 1999 2001 2003 2005 2007 2009

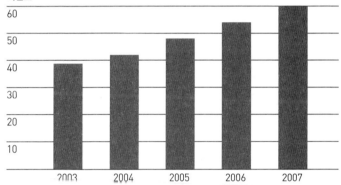

(b) 퍼센트

60
50
40
30
20
10

2003 2004 2005 2006 2007

그림 13a. 신규 주택담보대출 건수 대비 신규 비우량 주택담보대출 비중, 1995~2009년
자료: Inside Mortgage Finance 데이터를 이용한 연준 스태프의 추정치*

그림 13b. 신규 비우량 대출 건수 대비 신규 약식증빙 또는
무증빙 비우량 대출의 비중, 2003~2007년

자료: Mayer, et al.(2009)에 제시된 데이터를 이용하여 계산. Christopher Mayer, Karen Pence, and Shane M. Sherlund, "The Rise in Mortgage Defaults," Journal of Economic Perspectives 23 (Winter 2009), pp.27~50, table 1 and table 2, panel C.

---

* Inside Mortgage Finance는 주택담보대출 시장에 대한 전문 조사 업체

되지 않았거나 약식으로만 요구되었던 건수의 비율입니다. 잘 생각해보면, 이것은 상당히 비정상적인 모습입니다. 여러분이 어떤 사람에게 대출을 해주려 한다고 생각해 봅시다. 그런데 그 사람의 신용도를 알 수 없고, 그 사람이 자기자금도 부담하지 않은 데에다 FICO 점수마저* 낮은 등, 대출을 선뜻 해줄만하지 않은 상황이라면 여러분은 어떨까요. 그럴수록 여러분은 융자를 신청한 분들에게 소득이 얼마나 되는지, 그리고 대출금 상환 가능성이 어떤지에 대해 훨씬 더 많이 물어보려 할 것입니다. 그렇지만 현실은 정반대였습니다. 여러분이 그림에서 볼 수 있듯이, 비우량 대출 가운데 차주 신용도에 관한 증빙을 거의 갖추지 않은 채 이루어진 대출의 비중이 점차 늘어나 2007년이 되면 60퍼센트에 이르렀거든요. 그러므로 주택담보대출의 건전성이 지속적으로 저하되었음은 분명합니다.

　이런 상황이 영원히 이어질 수는 없었습니다. 그림 14는 채무상환비율debt-service ratio, DSR입니다. 주택 가격이 내내 오르고 또 오르면서, 차주의 소득 가운데 매달 주택담보대출의 상환에 지출되는 월부금의 비율이 상승했습니다. 보시다시피, 결국 주택담보대출 상환액은 개인 가처분소득 중 꽤 큰 부분을 차지하게 되었습니다. 주택 보유 비용의 상승으로 급기야 신규 주택 수요가 한풀 꺾

---

* 개인의 신용을 FICO(Fair Isaac Corporation) 모형으로 평가한 점수로서, 동 모형은 미국에서 널리 사용되고 있는 개인 신용 평가 시스템이다.

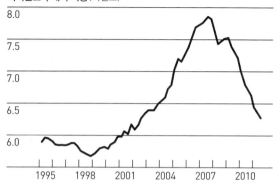

가처분소득 대비 비중(퍼센트)

그림 14. 주택담보대출의 채무상환비율, 1995~2011년

자료: 연방준비제도이사회

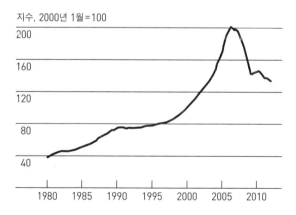

지수, 2000년 1월=100

그림 15. 기존 단독주택 가격, 1980~2010년

주: 매입 거래만 포함.

자료: CoreLogic

이기 시작하는 상황에 마침내 도달할 때까지 채무상환비율은 계속 상승했습니다. 그 이후 채무상환비율이 급락했습니다만, 그 이유는 기본적으로 금리가 떨어졌기 때문입니다. 하지만 여기서의 요점은, 주택담보대출 상환 부담이 증가하면서 종국에는 주택을 새로 장만하려는 구입자가 더 이상 존재하지 않게 되었고, 그로 인해 버블이 꺼지면서 주택 가격이 떨어지게 되었다는 사실입니다. 그림 15는 주택 가격을 보여줍니다. 1990년 말부터 2006년경까지 주택 가격이 급등했음을 알 수 있습니다. 하지만 2006년부터 최근까지는 주택 가격이 30퍼센트 넘게 하락했습니다. 그러니까 전국적으로 주택 가격이 급락했던 것이지요.

그림 15에 대해 내 의견을 말씀드리겠습니다. 이 그래프를 보고 어쩌면 여러분은 "어휴, 아직도 갈 길이 멀구나"하고 생각할지도 모르겠습니다. 왜냐하면 오늘날의 주택 가격이 15년 전에 비해 여전히 크게 높으니까요. 하지만 이 가격은 달러로 나타낸 명목가격임을 기억하세요. 그림에 나타난 주택 가격은 인플레이션을 감안하여 조정된 가격이 아니라는 뜻입니다. 매년 인플레이션이 2퍼센트에 불과했다고 잡더라도 15년 세월이 지나는 동안, 물가는 30~40퍼센트 만큼 오르게 됩니다. 그러니까 인플레이션에 의한 구매력 변화를 조정한 이후의 실질가격을 기준으로 본다면, 주택 가격은 버블이 시작되기 이전 수준으로 상당히 가까이 다가서고 있는 중이지요.

주택 가격 붕괴는 몇 가지 중요한 결과를 가져왔습니다. 그 중

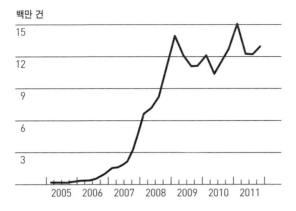

백만 건

그림 16. 주택 소유주 지분이 음(-) 상태인 주택담보대출의 건수, 2005~2012년

주: 후순위 담보권(junior liens)에 대한 데이터가 불완전하기 때문에 주택 소유주 지분이 실제로 음
(-)인 건수는 이 그림의 데이터 상의 건수보다 더 많을 수 있음.*
자료: CoreLogic과 LPS Applied Analytics의 데이터를 이용한 연준의 계산 결과

한 가지는 주택 가격이 오른 덕분에 주택 가격에서 채무를 제외한
자신의 지분이 늘어나 부자가 된 것처럼 느꼈던 많은 사람들이 갑
자기 깡통주택 보유자로 전락한 것입니다. 주택 가격의 붕괴로 인
해 갚아야 할 주택담보대출의 채무액이 주택 가격을 초과하는 상태

---

*주택 구입 가격에서 선순위 주택담보대출을 얻어 조달된 부분을 차감하고 남는 소유
주 지분(의 일부)에 대해 다시 후순위 주택담보대출을 얻어 추가 자금을 조달하는 경우
가 있다. 이 때, 후순위 주택담보대출을 주택지분대출(home equity loan)이라 부르며,
동 채무에 대한 정보가 불완전하여 채무액이 과소평가되는 경우에는 주택 소유주의
지분이 그만큼 과대평가될 것이다. 그러므로 지분이 실제로는 음(-)인데도 데이터 상
으로는 양(+)으로 나타날 가능성이 생겨난다. 그 결과, 주택 소유주 지분이 실제로 음
인 주택담보대출의 건수는 그림 16에 나타난 건수보다 더 많을 수 있는 것이다.

가 된 것이지요. 이는 정상적인 것과는 정반대의 상황입니다. 주택 가격의 붕괴로 담보 주택의 가치가 미상환 대출 잔액에도 미치지 못하게 된 결과, 돈을 빌려 쓴 주택소유주의 지분이 실제로 음(-)이 되어버린 상태니까요. 그림 16에서는, 이렇게 주택소유주의 지분이 음의 상태인 주택담보대출의 건수가 2007년을 시작으로 급격히 늘어나게 되었다는 사실을 알 수 있습니다. 현재, 미국에서는 약 5,500만 건의 전체 주택담보대출 가운데 1,200~1,300만 건 정도—전체의 대략 20~25퍼센트—에서 담보 주택이 깡통 상태입니다.

주택 가격의 하락은 깡통주택도 양산했지만 그와 동시에 주택담보대출 연체의 급증도 초래했습니다. 수많은 사람들이 자신의 상환 능력 이상으로 차입을 한 상태에서 주택 가격이 하락했으니, 그렇게 된 것이지요. 사람들이 제때 상환하지 못하면, 종국에는 은행이 부동산을 압류—이를 유질처분^{foreclosure}이라 부릅니다—한 다음 이를 제3자에게 재매각하게 됩니다. 주택담보대출의 연체 건수는 그림 17에 그래프로 나타나 있습니다. 2009년에 5백만 건이 넘는 주택담보대출이 연체 상태에 있었다는 것을 알 수 있습니다. 이것은 전체 모기지 건수의 약 10퍼센트에 달하는 비중으로, 정말이지 높디높은 연체율이었습니다.

우리는 주택 가격 급락이 차주 및 주택 소유주에게 미친 영향을 방금 살펴봤으며, 그 영향이 매우 심각했다는 사실을 알 수 있었습니다. 하지만 여기엔 또 다른 측면이 있습니다. 주택 가격 급락이 대부자에 대해서도 영향을 미쳤다는 점입니다. 대략 10퍼센트

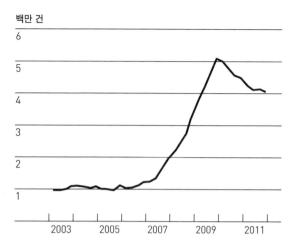

백만 건

그림 17. 주택담보대출 연체 건수, 2003~2012년

주: 90일 이상 연체이거나 차압 상태인 대출.

자료: MBA National Delinquency survey의 데이터를 이용한 연준의 추정치

사랑의 주택담보내출이 연체 싱대인 기운데 은행을 비롯한 주태담보대출 관련 증권의 보유자들은 막대한 손실을 입었는데, 이는 결국 금융위기의 한 가지 중요한 기폭제가 됩니다. 여기서 흥미로운 한 가지 질문이 제기됩니다. 1999년, 2000년, 그리고 2001년에 주가가 급등한 적이 있습니다. 급등한 주가에는 닷컴주나 기술주의 거품 가격이 포함됩니다만, 이들 닷컴주나 기술주에만 국한하여 주가가 급등했던 것은 아닙니다. 주가는 2000년과 2001년에 급락했고 이에 따라 장부상 부paper wealth의 상당한 액수가 공중으로 사라지고 말았습니다. 사실 닷컴주 및 여타 주식의 가격 하락으로 사

라진 장부상 부의 규모는 주택 버블이 꺼지면서 사라진 부의 규모와 크게 다르지는 않았습니다. 그렇지만 닷컴 붕괴는 완만한 경기침체로 이어졌을 뿐입니다. 실제로 2001년의 침체는 2001년 3월부터 11월까지 지속되었습니다. 겨우 8개월짜리 경기침체에 불과했지요. 실업률이 상승하긴 했지만, 1980년대처럼 혹은 보다 최근처럼 극적으로 상승했던 것은 결코 아니었습니다. 그러므로 당시 우리는 주가의 거대한 과열 및 붕괴boom and bust를 겪었습니다만 이로 인해 금융시스템이나 실물경제에 그다지 심각하거나 지속적인 피해가 야기되지는 않았던 것이지요. 최근 금융위기에서, 우리는 주택시장의 과열 및 붕괴를 경험했습니다. 우리가 2001년의 경험을 되돌아본다면, 주택시장의 과열 및 붕괴로 인해 경기가 하강하긴 하겠지만 아마 그리 심각하지는 않으리라는 생각이 들 것입니다. 2006년 주택 가격 하락을 경험하면서 우리가 연방준비제도 내부에서 논의하던 여러 견해 중 하나가 바로 이런 생각이었습니다. 하지만, 주택 가격 하락은 주식 가격 하락이 초래했던 충격보다 훨씬 더 큰 충격을 금융시스템과 실물경제에 안겼습니다. 이 점을 이해하기 위해서는 기폭제trigger와 취약성vulnerability 개념을 구분하는 것이 중요합니다.* 주택 가격의 하락과 주택담보대출의 손실은 하나

---

*버냉키는 자신의 의회 증언("Causes of the Recent Financial and Economic Crisis," September 2, 2010)에서 기폭제와 취약성 개념을 명확히 구분하고 있다. 이 증언에 따르면 '기폭제' 란 위기를 촉발시킨 특정 요인이나 사건을 의미하고, '취약성'이란 최초의 충격을 전달하고 증폭시키는 역할을 하는 금융시스템 및 규제감독 상의 구조적 약점을 의미한다.

의 기폭제였습니다. 불쏘시개 위로 던져진 성냥 같다는 뜻이지요. 바싹 마른 상당량의 가연성 소재가 주변에 놓여 있지 않았더라면, 대형 화재는 나지 않았을 것입니다. 최근 금융위기의 경우는, 어떤 의미에서 주택시장 붕괴의 불똥이 경제에 그리고 금융시스템에 내재한 취약성으로 옮겨 붙으면서 큰 화재로 번진 것입니다. 다시 말해서, 그다지 심하지 않은 경기침체를 겪는 것으로 지나갈 수도 있었을 일이 금융시스템의 약점들 때문에 훨씬 더 격렬한 위기로 변형되었다는 것이지요.

그럼 그 취약성이란 어떤 것이었을까요? 미국 및 다른 나라들의 각 금융시스템에서 주택시장의 과열과 붕괴를 훨씬 더 심각한 위기로 변형시킨 취약성은 무엇이었을까요? 우리 금융시스템의 민간부문 및 공공부문 모두에서 취약성이 있었습니다. 민간부문에서는 많은 차입자들이 부채를 지나치게 많이 떠안았고 많은 대부자들도 레버리지를 지나치게 높게 가져갔습니다. 대완화야말로 이들이 그렇게 행동하게 된 하나의 이유였을 겁니다. 20년 동안 경제 및 금융 상황이 비교적 평온하다 보니, 사람들이 더 자신만만해져서 더 많은 빚을 기꺼이 떠안았던 것입니다. 과다한 부채를 떠안는 경우의 문제는, 자산과 부채의 규모 차이가 그리 크지 않은 상황에서 자산 가치가 하락하면 이내 그 자산 가치가 부채에 미치지 못하게 된다는 것이지요.

매우 중요한 두 번째 문제는 대완화기 동안 금융거래가 점점 더 복잡해지고 있었지만 은행을 비롯한 금융기관이 리스크를 감시,

측정하고 관리하는 능력은 그런 변화를 따라가지 못하고 있었다는 것입니다. 다시 말해, 금융기관의 IT시스템이나 리스크 관리에 배분되는 자원은, 금융기관 자신이 어떤 리스크를 실제로 부담하고 있는지 그리고 그 리스크가 얼마나 큰지를 충분히 이해하기에는 불충분했다는 것이지요. 만약 주택 가격이 20퍼센트 떨어지면 그 영향이 어떨지를 2006년에 은행에게 물었다면, 그 은행은 아마도 대차대조표에 미치는 충격을 크게 저평가했을 것입니다. 왜냐하면 은행으로서는 자신이 직면하고 있는 리스크를 정확하거나 완전하게 측정할 만한 능력을 갖고 있지 않았기 때문이지요.

세 번째 문제는 금융회사들이 다양한 맥락에서 단기자금에 너무 과도하게 의존했다는 것입니다. 단기자금은 기업어음commercial paper과 같은 단기금융 수단으로 조달됩니다. 기업어음의 듀레이션duration은* 짧으면 하루가 될 수도 있고 대부분은 90일 미만입니다. 이렇게 금융회사들은 대차대조표의 차변에 만기가 매우 짧은 유동부채를 갖고 있었습니다. 이런 점에서, 이들은 예금에 의존하여 대부를 시행하던 19세기 은행들과 다를 바 없었습니다. 사정이 이러했으므로, 19세기에 예금이 뱅크런에 취약했던 것과 꼭 마찬가지로 이들 금융회사 역시 자금인출사태에 대해 취약했던 것이지요.

민간부문의 마지막 취약성은 이색적 금융수단이나 복잡한 파

---

*어떤 금융자산의 듀레이션이란 그 자산이 만기에 도달할 때까지의 각 시점별 현금 흐름을 감안하여 계산한 유효만기이다.

생상품 등을 활용한 데에서 찾을 수 있습니다. 그런 일례는 AIG금융상품회사가* 이용한 신용부도스왑credit default swap, CDS이었습니다. 기본적으로 AIG는 투자자들이 보유하는 복잡한 금융수단에 대한 보험계약을 투자자들에게 팔기 위해 신용부도스왑을 이용했습니다. 투자자가 부채담보부증권collaterized debt obligation, CDO 등에서** 손실을 보면 AIG가 이를 보상해주겠다고 약속했던 것이지요. 실물경제나 금융시스템이 순조롭게 작동하는 동안 AIG는 자신이 제공한 보험계약에 대해 기본적으로 프리미엄만 징수하면 되었고, 아무런 문제도 생기지 않았습니다. 하지만 AIG가 자신이 판매한 모든 신용부도스왑에서 유사시 보상을 약속한 것은 AIG가 주택 가격이 올라가는 쪽으로만 일방향 내기를 한 것에 해당합니다. 일단 상황이 악화되자, 모든 내기에서 한 방향으로만 베팅했던 것으로 인해 AIG는 결국 엄청난 규모의 손실에 노출되었습니다. 앞으로 살펴보게 되겠지만, 이는 매우 심각한 결과를 초래했습니다. 바로 이런 것들이 민간부문에서 발생한 몇몇 문제점들이었습니다.

공공부문에도 심각한 문제점들이 있었습니다. 첫째, 금융규제 구조가 기본적으로 1930년대 대공황 시기에 만들어진 구조 그대로였습니다. 특히, 금융시스템 구조가 변화했는데도 금융규제 구

---

* AIG금융상품회사(AIGFP)는 AIG(American International Group)의 자회사이다.
** 자산유동화증권의 일종으로서 각종 채권 및 여신 등 다양한 유형의 부채로 구성된 풀(pool)을 기초자산으로 한다.

조는 그러한 변화를 따라가지 못하고 뒤처진 것이지요. 그로 인한 한 가지 결과는, 어떤 금융규제기관으로부터도 본격적인 종합 감독을 실제로 받지 않는 금융기업이 많아졌다는 점입니다. 중요 금융기업인데도* 말입니다. 그런 일례가 보험회사인 AIG였습니다. AIG가 판매하는 보험 상품에 대해서는 주로 보험 규제자들이, AIG가 소유한 소형 은행들에 대해서는 주로 저축기관감독청OTS이, 각각 주로 점검했습니다. 하지만 실제로는 어느 누구도 내가 방금 설명한 신용부도스왑 문제를 주의 깊게 살펴보지 않았습니다. 감독이 그다지 이루어지지 않았던 또 다른 유형의 회사로는 리먼브러더스, 베어스턴스, 그리고 메릴린치와 같은 투자은행들이 있었습니다. 이 회사들에 대해서는 감독할 수 있는 근거 법령이 없었기 때문이지요. 이들은 증권거래위원회SEC와 자발적인 감독 협약을 맺었습니다만, 실제로는 이들 투자은행에 대한 종합적인 감독은 이루어지지 않았습니다. 또 다른 그룹의 기업들은 정부지원기업인 패니메이와 프레디맥이었습니다. 이들의 감독을 맡은 규제기관이 분명히 있긴 했습니다만, 규제는 매우 허술했습니다. 그렇게 된 이유에 대해서는 나중에 설명하겠습니다. 규제 구조 내부적으로 많은 허점이 있었으므로, 평소 감독을 충분히 받지 않고 있다가 위기의 와중에서야 중요한 것으로 드러난 기업들이 많았습니다. 심지

---

* 여기서 '중요' 금융기업이란 '시스템상 중요(systemically important)' 금융기업이라는 의미이다.

어 규제감독을 위한 법률 규정이 마련되어 있는 경우에도, 실제로는 규제감독이 법률 규정이 정해둔 만큼 충실하게 이루어지지 않았던 적이 자주 있었습니다.

　이것이 규제감독을 관장했던 정부기구들 전반의 실상이었습니다. 하지만, 연방준비제도 의장으로서 나는 이제 연준에 대해 논의하고자 합니다. 연준은 규제감독에서 실수를 저질렀습니다. 두 가지 실수를 지적해보겠습니다. 한 가지 실수는, 은행 및 은행지주회사 감독에서 리스크 측정이라는 이슈에 대해 연준이 충분히 강력하게 밀고나가지 않은 점입니다. 나는 많은 은행들이 자신이 부담하고 있는 리스크를 완전히 이해할 만한 역량을 전혀 갖추지 못했다고 앞에서 언급한 바 있습니다. 연준은 감독자로서 은행들이 그런 역량을 계발하도록 더 강력하게 압박했어야 합니다. 나아가, 만약 은행들이 그런 역량 계발에 나서지 않는 경우에는 위험한 포지션을 취할 수 없도록 제한을 가했어야 합니다. 연준을 비롯한 은행 감독자들은 이 이슈에 대해 충분히 강하게 밀어붙이지 못했습니다만, 결과적으로는 이것이 심각한 문제였던 것으로 판명되었지요. 연준의 성과가 좋지 않았던 두 번째 영역은 소비자보호입니다. 연준은 주택담보대출을 받은 차주에게 다소의 보호를 제공할 수 있는 권한을 가지고 있었습니다. 연준이 그 권한을 효과적으로 사용했더라면, 주택 버블의 후반부에 발생했던 악성 대부를 적어도 부분적으로라도 줄일 수 있었을 것입니다. 그러나 여러 가지 이유로, 연준은 했어야 하는 만큼의 일을 다 해내지는 못했습니다. 내가 의장이 된 후였던 2007년, 우리가 이런 보호 조치를 몇 가지 실행했던 것이 사실입니다만, 위기를 피하기엔 이미 너무 늦었지요. 이렇게 보면, 감독자가 권한을 보유했던 부문에서도 그 권한이 언제나 효과적으로 활용되었던 것은 아닙니다. 이것이 몇몇 약점을 초래했지요.

마지막이자 아마 조금 더 민감할 수 있는 논점은, 우리 규제 시스템의 조직화 방식에 관한 것입니다. 연준이나 통화감독청 혹은 저축기관감독청 같은 개별 기구는 각기 특정 유형의 기업들에 대해서만 책임을 지도록 되어 있습니다. 예를 들어, 저축기관감독청은 저축기관 및 유사 회사에 대해서만 책임을 진다는 것이지요. 불행하게도, 위기 동안에는 특정 유형의 기업 차원을 벗어난, 그보다 훨씬 더 광범위한 차원의 문제가 발생했습니다. 이들은 어떤 한 기업이나 기업들의 소집단을 넘어 전체 시스템을 둘러싼 문제들이었습니다. 이렇게 보면, 그저 개별 기업들에게로만 국한하지 않고 시스템 전반에 영향을 미칠 수 있는 요인들에 대해 충분한 주의를 기울이는 역할이 기본적으로 우리의 기존 규제 구조에 빠져 있던 셈입니다. 금융시스템 전반에 관련된 문제들이 있는지, 혹은 서로 다른 시장 간 연계와 서로 다른 기업 간 연계에 관련된 문제들이 있는지 살펴봐야 할 책임이 어느 누구에게도 주어지지 않은 상태였지요. 그런 문제들이 시장에 긴장을 불러올 수도 있고 심지어는 위기를 야기할 수도 있을 텐데 말이지요. 바로 이런 것들이 공공부문에서의 몇 가지 취약성이었습니다.

이제 논쟁적 주제인 통화정책의 역할을 논의하는 것으로 제2강을 마무리하겠습니다. 2001년 경기침체에 뒤이어 연방준비제도가 2000년대 초 저금리 기조를 유지한 사실을 두고 많은 분들이 이것을 주택 버블에 기여한 또 다른 요인이라 주장해왔습니다. 2001년과 그 이후에는, 경기가 상당히 좋지 않아 일자리 증가율이 크게 둔화되었습니다. 게다가 인플레이션마저 매우 낮은 수준으로 하락했습니다. 그런 상황에서 연방준비제도가 금리를 인하했던 것이지요. 2003년에는 연방자금금리가 1퍼센트로 떨어졌습니다. 바로 이것이 실제로 주택 가격을 그토록 뛰게 만든 이유들 중 하나라고 주장하는 분들이 있습니다. 물론 저금리를 통해 통화정책이 달성하려는 목적 가운데 하나가 주택 수요를 늘려 경기를 활성화시키는 데 있었던 것은 사실입니다. 말씀드린 대로, 이 점에 대해서는 논란의 여지가 아주 많습니다. 하지만 이것은 아주 중요한 문제이기도 합니다. 그 이유는 단지 우리가 최근 위기를 이해하고자 하기 때문만은 아닙니다. 그것이 중요한 이유는 앞으로 통화정책을 수립할 때 우리가 무엇을 고려해야 하는지에 대해 생각해보고자 하기 때문입니다. 통화정책의 결정에서 주택 버블과 같은 문제에 대해서는 어느 정도까지 고려해야 하는 것일까요?

연방준비제도는 내부적으로 이 문제를 아주 상세히 검토했습니다. 그리고 연준 외부에서도 수많은 연구가 이루어졌습니다. (이 문제에 대해서는 합의가 이루어지지 않았으므로 여러분들은 어쩌면 전혀 다른 견해를 접하게 될 수도 있겠습니다만) 내가 찾아낸 증거에 따르면, 경기상승기 동안 주택 가격을 끌어올리는 데서 통화정책의 역할은 중요하지 않았던 것으로 보입니다. 이 문제에 대한 몇 가지 증거들을 잠시 논의하겠습니다.

한 가지 증거는 국제 비교입니다. 사람들은 주택 가격의 과열과 붕괴가 미국에서만 일어난 일이 아니었다는 사실에 대해 제대로 인식하지 않고 있습니다. 전 세계 여러 나라에서 주택 가격의 과열과 붕괴가 있었는데, 이런 과열과 붕괴가 이들 각 나라의 통화정책과 밀접히 관련되지는 않았습니다. 예를 들어 영국에서는 주택 가격의 과열 정도가 미국과 비슷했거나 그보다 더 컸습니다. 하지만 영국의 통화정책은 미국에 비해 훨씬 더 긴축적이었습니다. 이는, 주택시장 과열의 원인을 느슨한 통화정책에서 찾는 이론으로는 설명해내기 어려운 난제인 것이지요. 또 다른 예는 독일과 스페인입니다. 이 두 나라는 모두 단일 통화인 유로화를 쓰고 있어서, 두 나라 모두 중앙은행도 유럽중앙은행으로 똑같고 통화정책도 똑같습니다. 그런데도 독일의 주택 가격은 전체 위기 기간 내내 변화가 전혀 없었던 반면, 스페인에서는 주택 가격이 엄청나게—미국에서보다 훨씬 더 많이—올랐습니다. 이렇게 국가 간 비교에 관한 증거를 볼 때, 통화정책이 주택 버블에 대부분의 역할을 했다는 주장에 대해 적어도 의문을 품지 않을 수는 없는 일이지요.

두 번째 이슈는 버블의 규모입니다. 이자율 및 주택담보대출 금리의 변화가 주택 가격과 주택 수요에 영향을 미치는 것은 사실입니다. 그리고 오랜 기간에 걸친 많은 증거를 통해 그런 사실을 살펴볼 수 있습니다. 하지만 주택담보대출 금리를 비롯한 다양한 이자율들이 얼마나 많이 변했으며 그에 따라 주택 가격이 얼마나 많이 움직였는지를 검토해봅시다. 여기서 얻어지는 금리와 주택 가격 사이의 역사적 관계를 근거로 살펴보면, 금리 하락으로는 주택 가격 상승의 아주 작은 부분만 설명할 수 있습니다. 다시 말해, 2000년대 초반의 통화정책이 가져온 비교적 소폭의 금리 변동만으로 주택 가격 상승을 설명하기에는 그 상승 폭이 너무 컸다는 것이지요.

내가 제시하려는 마지막 증거는 버블이 형성된 시점입니다. 로버트 실러는 주택 버블을 포함하여 여러 버블에 대한 연구로 잘 알려진 경제학자입니다. 그는 주택 버블의 시작이 1998년이었다고 주장합니다. 1998년이 2001년 경기침체보다 훨씬 전이고 연방준비제도의 금리 인하보다도 앞선 시점인 것은 물론이지요. 게다가 주택 가격은 2004년 긴축이 개시된 이후에 급격히 올랐습니다. 그러니까 타이밍이 서로 잘 안 맞는다는 것이지요. 그런데 이런 타이밍을 기준으로 보면 다른 두 가지 설명이 가능할 것 같습니다. 한 가지는, 1998년이 기술주가 한창 급등하던 바로 그 시점이라는 설명입니다. 당시 주가를 급속히 끌어올리고 있던 바로 그 심리 상태, 즉 심리적 낙관론이 주택 가격까지도 끌어올리기 시작한 것일 수 있다는 설명이지요. 많은 경제학자들이 지적하고 있는 또 다른 가능성은, 여러 아시아 국가는 물론 여타 신흥시장 경제에도 타격을 입혔던 아주 심각한 금융위기가 1990년대 말 발생했다는 사실과 관련됩니다. 위기가 진정된 이후부터는 여러 신흥시장 국가들이 대규모 대외준비자산을 축적하는 방식으로 장차 있을지도 모르는 위기에 대응하기 시작했다는 것입니다. 이는, 이들 신흥시장 국가로서는 안전한 달러화 자산을 확보해야 했다는 의미입니다. 이에 따라 주택담보대출을 포함하는 여러 자산에 대한 수요가 크게 증가했습니다. 그런 수요의 증가는 해외에서 생겨났습니다. 여러 나라들이 대외준비자산으로 쓸 수 있는 달러화 자산을 더 많이 확보할 필요가 있다고 결정한 때문이지요. 흥미롭게도, 여러 나라에서 주택 가격 상승과 가장 상관관계가 강한 것으로 나타나는 변수는 아마도 자본 유입일 것입니다. 안전하다고 인식되던 주택담보대출 및 여타 자산을 매입하기 위해 해외에서 국내로 들어온 자금량 말이지요. 그런 자본 유입이 대략 1998년부터 시작되었으므로 타이밍도 딱 들어맞는다 하겠습니다.

지금까지 통화정책이 주택 버블의 한 가지 중요한 원인이었다는 견해에 반대하는 근거들을 살펴보았습니다. 하지만 경제학자들이 이 이슈에 대해 계속해서 토론하고 있다는 사실을 나는 강조하고 싶습니다. 왜냐하면 이 이슈가 매우 중요하기 때문입니다. 실물경제와 금융시스템에 저금리가 어떤 함의를 갖는지에 대해 우리가 장차 생각해봐야 하니까요. 특히 요즘 연방준비제도는 신중하게 접근한다는 차원에서, 금융시스템 내에 어떤 불균형도 자리 잡지 않도록 하기 위해 상당히 많은 양의 금융 및 규제 감시 업무를 최선을 다해 수행하고 있습니다.[4]

위기의 귀결은 어떠했을까요? 경제적 결과는 심각했습니다. 그림 18은 금융 스트레스financial stress의 정도를 단일 척도로 제시합니다. 이 척도는 금융시스템이 어느 정도의 스트레스 상태에 놓여 있는지를 나타내는 다양한 금융 지표들을 종합한 하나의 지수에 지나지 않습니다. 그림에서 여러분은 2008년과 2009년에 무슨 일이 있었는지를─금융시장에서 금융 스트레스가 급격히 증가했다는 것을─알 수 있습니다. 그림 19는 주식시장이 곤두박질쳤다는 사실을 보여줍니다. 2000년, 그리고 2001년 경기침체 때에 경험했던 첫 번째 하락은 기술주의 급락이 반영된 결과였습니다. 하지만, 보다 최근의 경기침체에서는 주식시장 낙폭이 2000년 및 2001년에 비해 훨씬 더 컸음에 주목하기 바랍니다. 그림 20은 주택 건설을 보여줍니다. 여기서도 급격한 하락이 있었네요. 주택 건설은 침체 전부터 하락했습니다. 이것이 위기의 기폭제였던 것은 물론이지요. 그런데 그림의 오른쪽을 보면 본격적인 회복은 아직도 시작되지 않았음을 알 수 있습니다. 마지막으로, 그림 21은 실업률이 아주 빠르게 올라 10퍼센트를 오르내리는 수준에서 정점을 찍은 다음 현재는 약 8.3퍼센트 정도로 떨어져 있음을 보여 줍니다.

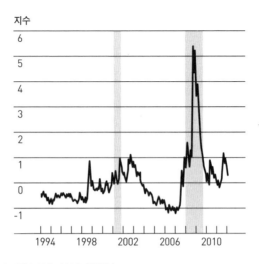

그림 18. 금융 스트레스 지수, 1994~2012년

자료: 세인트루이스 연방준비은행 금융 스트레스 지수

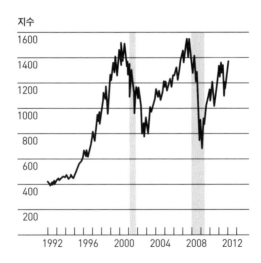

그림 19. S&P 500 종합지수, 1992~2012년

자료: 블룸버그(Bloomberg)

그림 20. 단독주택 착공 건수, 1992~2012년

자료: 인구조사국(Census Bureau)

그림 21. 실업률, 1992~2012년

주: 2012년 1분기 수치는 2월 수치임.

자료: 노동통계국(Bureau of Labor Statistics)

질문과 대답

학생 지난 제1강에서 의장께서는 대공황기에 정책이 너무 이르게 긴축으로 전환되는 바람에 더블딥이 초래되었다고 말씀하셨습니다. 그러시고 나서 오늘은, 1970년대에는 긴축으로의 정책 전환이 너무 늦었다는 논의를 펼치셨습니다. 정책을 전환하기에 적절한 시기가 언제인지를 어떻게 알 수 있을까요? 적절한 시기라는 게 있기는 한 것인가요? 아니면 그마저도 언제나 변하는 것일까요?

버냉키 의장 어려운 질문이군요. 연방준비제도가 수많은 경제학자들과 다수의 경제모형을 비롯해 필요한 모든 것을 갖추고 있는 이유 가운데 하나가 정책을 긴축하거나 완화해야 할 적절한 순간이 언제인지를 알아내기 위한 것임은 물론입니다. 예측은 그다지 정확하지 않습니다. 그러므로 우리는 일어나는 변화를 지속적으로 점검하는 가운데 상황의 진행에 따라 조정을 해나가야 하는 것이지요. 1970년대는 특히 어려웠습니다. 왜냐하면 당시에는 인플레이션 기대가 전혀 통제되지 않았으니까요. 유가가 오르고 나면 사람들은 더 높은 수준의 인플레이션을 예상하기 시작했고 그런 다음에는 물가가 더 오를 것에 대한 보상으로 더 높은 임금을 요구했습니다. 물론 그러고 나면 높아진 임금이 물가를 다시 올렸지요. 그렇게 물가가 오르면 다시 임금이 오르는 등 일련의 과정이 계속 되풀이되며 이어졌습니다. 이는 당시 모두가 인플레이션의 상승을 예상했다는 사실이 가져온 결과입니다. 그 누구도 연방준비제도가 또는 일반적으로 정부가 인플레이션을 낮고 안정적으로 잡아줄 것이라는 신뢰를 전혀 갖고 있지 않았던 것이지요. 다행스럽게도, 지금 우리의 상황은 1970년대와는 매우 다릅니다. 이는 대부분 볼커 의장과 그린스펀 의장 덕분입니다. 낮은 인플레이션을 오랜 기간 이미 경험한 터라, 유가 등이 오르내리는 일이 실제로 일어나더라도 대부분의 사람들은 인플레이션이 웬만큼 낮은 수준에서 유지될 것이라는 점에 대해 상당히 편안한 마음으로 받아들이게 되었습니다. 이처럼 인플레이션 기대가 안정화되면 큰 도움이 됩니다. 그 덕분에 인플레이션이 낮게 유지되면서, 연준으로서도 운신의 폭이 더 커지기 때문입니다. 인플레이션 기대가 안정적인 상황에서는 연준이 정책을 한동안 완화적으로 펼친다 해도, 그로 인해 임금-물가 악순환^{wage-price spiral}이 반드시 유발되는 것은 아니지요. 그러므로 장래에 훨씬 더 큰 인플레이션 문제가 반드시 대두되는 것도 아니고요. 그런 의미에서 인플레이션 기대를 낮은 수준에서 안정적으로 유지한 것은 볼커 의장과 그린스펀 의장이 일궈낸 위대한 업적 가운데 하나입니다. 또한, 낮고 안정적인 인플레이션 기대의 유지는 전 세계 중앙은행들의 중요한 목표가 되어 있습니다.

학생 저는 2000년대 초의 저금리 통화정책에 대해, 그리고 이제까지 수행된 서로 다른 모든 연구에도 불구하고 통화정책이 주택 버블을 촉발시키지 않았다는 의장의 견해에 대해, 질문을 드리겠습니다. 만약 의장께서 2001년에 연준 의장이셨더라면 금리를 그렇게 낮게 유지하려 하셨을까요? 그러는 것이 옳았다고 생각하십니까?

버냉키 의장 그 시기에 나는 연방준비제도이사회의 일원이었습니다. 2002년 연준 이사가 되고 나서 내가 맨 처음 작성했던 연설문은 버블 및 금융규제감독에 관한 내용이었습니다. "일마다 그에 맞는 연장이 따로 있다"는 것이 그 연설문의 주제였습니다. 감지된 버블과 자산 가격에 금리정책을 연계하여 운용하는 것은 모기 한 마리를 잡으려고 큰 해머를 휘두르는 것이나 마찬가지입니다. 문제는, 주택시장은 경제의 일부분일 뿐이지만 금리는 경제 전반의 안정을 달성하기 위한 수단이라는 데 있습니다. 주택 가격의 상승을 막기 위해 연준이 금리 인상으로 대응하고자 했다면, 금리를 아주 급격히 끌어올려야 했을 것이라는 것이 우리의 판단입니다. 그런데 당시엔 경제가 매우 저조한 시기였습니다. 실업률은 여전히 정상적 수준을 웃돌고 있었고, 인플레이션도 영(0)을 향해 하락하는 중이었거든요. 일반적으로 말해서, 전반적인 거시경제안정을 성취하기 위해 통화정책을 써야 통화정책을 올바른 방식으로 사용하는 것이 됩니다. 이는 금융 불균형을 무시하라는 뜻은 아닙니다. 금융 불균형에 대해서는, 연준이 규제감독 측면에서 좀 더 적극적이었을 수 있지 않았나 하는 것이 나의 생각입니다. 예를 들어, 새롭게 제공되는 주택담보대출의 건전성이 보다 양호한 것이 되도록 하고 기업들이 자신의 리스크를 적절히 감시하도록 하는 등의 일을 연준이 좀 더 적극적인 규제감독을 통해 수행할 수 있었을 것으로 보는 것이지요. 이런 점에서, 금융 불균형에 대한 일차 방어선은 규제감독이어야 한다는 것이 내 생각입니다. 하지만, 내가 오늘 이야기한 교훈 중 하나는 무엇에 대해서든 지나치게 확신하지는 말자는 것, 즉 겸손해지자는 것이었습니다. 그런 까닭에, 나는 어떤 경우에는 통화정책이 금융안정을 위해 수정될 수도 있다고 생각합니다. 만약 규제를 비롯한 여러 유형의 개입을 통해 우리가 원하는 안정성 및 금융시스템을 달성할 수 없는 경우에는, 그 문제를 해결하기 위한 마지막 보루로서 통화정책이 다소 수정될 수도 있는 가능성을 우리가 배제하지는 말아야 한다고 생각하는 것이지요. 하지만 다시 한 번 말씀드립니다. 통화정책은 초점이 상당히 무딘 연장인지라 모든 자산 가격과 실물경제 전반에 두루 영향을 미칩니다. 그러므로 만약 레이저처럼 초점이 예리한 유형의 연장을 얻을 수 있다면 그런 연장을 사용하는 편이 모두를 위해 훨씬 더 낫겠지요.

학생 강연의 마지막 부분에서 의장께서는 글로벌 불균형이 주택 버블의 형성에서 어떤 역할을 수행했는지 언급하셨습니다. 미국의 현행 통화정책 및 재정정책은 차입을 늘려 소비를 키우는 데에 초점을 맞추고 있습니다만, 이런 정책은 애초에 우리를 위기로 몰아넣었던 바로 그 차입을 통한 과소비의 길로 다시 우리를 이끄는 것이 아닐까요?

버냉키 의장 첫째, 우리는 전반적으로 더 나은 균형을 이루고자 합니다. 통화정책은 자본형성도 자극하지만, 수출을 촉진하는 경향도 있습니다. 우리는 수요의 주요 구성 요소인 소비, 투자, 그리고 수출과 정부지출이 보다 바람직하게 균형을 이루는 상태를 추구합니다. 최근의 통화정책은 더 나은 균형에 부합합니다. 그런데, 지금 소비 수요는 위기 이전 수준을 크게 밑돌고 있습니다. 소비지출이 회복되지 않았거든요. 위기 이전과 비교하면 여전히 매우 미약한 상태이지요. 민간 부채는 상당히 줄어들었습니다. 질문한 학생이 글로벌 불균형을 언급했지요. 우리는 미국의 경상수지 불균형 또는 무역 적자에 대해 이야기하고 있습니다만, 이 적자 폭은 아주 크게 줄었습니다. 그러니까 이 모든 것들이 단기간에 오히려 너무나 많이 변했다는 것이지요. 이는 경제성장의 지속을 위한 수요 원천이 부족하기 때문입니다. 어떤 나라든 소비, 자본형성, 수출, 그리고 정부지출 사이에 적절한 균형을 갖출 필요가 있다는 데에 나는 동의합니다. 그것은 우리들의 중요한 임무입니다. 하지만 지금으로서는, 채무와 소비 등이 위기 이전의 패턴과 비교할 때 너무 줄어든 상태가 아직 계속되고 있습니다.

학생 강의의 후반부는 닷컴 버블 이후 2000년대의 통화정책과, 어떻게 저금리가 유지되었는지에 대한 것이었습니다. 의장께서는 통화정책이 주택 가격 상승의 기폭제가 아니었다고 주장하셨습니다. 하지만 다른 관점에서 보면, 저금리가 민간 투자자들과 은행으로 하여금 보다 위험한 거래를 하도록 했고 그로 인해 위기가 촉발되었을 수 있다는 주장에 대해 의장께서는 어떻게 생각하십니까?

버냉키 의장 좋은 질문입니다. 저금리가 위험추구에 어느 정도 영향을 준 것으로 생각합니다. 하지만 그것은 올바른 균형을 이루는 문제라는 점을 다시 한 번 말씀드립니다. 일반적으로 말해서, 경기 침체기 동안에는 투자자들이 대부분의 측면에서 매우 신중해집니다. 대체로 최근에는 투자자들이 확실히 그런 입장이었습니다. 여러분은 부담하는 리스크의 크기가 너무 크지도 않고 너무 작지도 않게끔 적절한 균형을 달성하고 싶어 합니다만, 이 또한 금융감독과 규제의 역할이 필요하게 되는 또 다른 이유입니다. 특히 은행과 같은 대형 기관에 대해서는 우리가 직접 점검할 필요가 있습니다. 또한, 이들 기관이 자신의 리스크를 적절히 관리하도록 만들 필요가 있습니다. 그러니까 이것 또한 일에 맞는 연장을 찾는 문제인 것이지요.

학생 수택 버블의 그래프들을 보면, 기격이 오르다가 견구 떨어지는 것과 같이 하나의 사건이 다른 사건을 어떻게 초래했는지를 명확히 알 수 있습니다. 의장께서 경제를 유심히 지켜보는 입장이셨을 2000년대 당시, 주택 버블을 맞아 상승하던 주택 가격에 장차 어떤 일이 벌어질 것이라고 생각하셨는지요? 결국은 경기침체로 이어지리라 생각하셨나요? 상당한 선견지명으로 버블의 파열을 미리 예상하고 매도에 나섰던 몇몇 투자자들에 대한 이야기가 『빅숏 *The Big Short*』이라는 제목의 책에 나옵니다만, 이 점에 대해 의장께서는 어떻게 생각하시는지요?

버냉키 의장 내가 주장하려던 바는, 주택 가격의 하락 자체는 중대한 위협이 분명히 아니었다는 것입니다. 내가 조지 W. 부시 대통령의 경제자문위원회 의장을 맡았던 2005년 당시, 우리 위원회는 주택 가격이 떨어지는 경우 어떤 일이 생길 것인지에 대해 분석했던 적이 있습니다. 우리의 결론은 경기침체를 겪게 되리라는 것이었습니다. 하지만 주택 가격 하락이 금융시스템 안정에 그리 광범위한 영향이 있을 것으로 보지는 않았습니다. 2006년 내가 연준 의장이 되었을 때에는 주택 가격이 이미 하락하고 있었습니다. 의장에 취임한지 첫 2주가 지난 후 열린 의회 증언에서, 나는 주택 가격이 떨어지고 있고, 이것이 경제에 부정적인 영향을 미치겠지만 우리로서는 그로 인한 모든 결과를 확실히 알 수는 없다고 말한 바 있습니다. 그러니까 우리는 주택 가격이 떨어질 수도 있다는 가능성을 항상 인지하고 있었던 것이지요. 한편, 주택 가격 하락의 영향이 그와 다소 비슷했던 닷컴 주식 하락의 영향에 비해 훨씬 더 심각하게 나타나리라는 것에 대해 충분히 예상하기란 정말 어려웠습니다. 또 한 번 말씀드립니다만 주택 가격 하락의 효과가 훨씬 크게 나타난 이유는, 주택 가격 하락이 주택담보대출에 영향을 미쳤고, 이로 인해 금융시스템의 건전성이 영향을 받고 패닉이 초래되었으며, 이것이 다시 금융시스템의 불안정을 불러온 것과 같은 연쇄적 방식에 있습니다. 그러니까 여러 사건들의 전체적인 연쇄가 중요했다는 것이지요. 주택 가격 하락만 중요했던 것이 아니라, 주택 가격 하락이 일으킨 전체적인 연쇄가 중요했습니다.

학생 주택 위기에 앞서 몇 년간 저리 신용이 한창 확산되던 때에는 미국인들의 주택 소유를 촉진하려는 초당파적인 노력이 있었습니다. 원래는 빌 클린턴 대통령이 이런 노력에 앞장섰지만, 나중에는 조지 부시 대통령도 그런 노력을 이어 받아 지속했습니다. 이 기간 중 대출 증가를 지원한 공격적인 정부 정책이 주택담보대출 취급 기관의 대출 기준을 궁극적으로 훼손하는 데 기여했다는 주장에 대해서는, 과연 어느 정도나 타당하다고 보십니까?

버냉키 의장 정말 좋은 질문입니다. 또 하나의 논란거리이기도 하고요. 자가 소유를 확대하기 위한 압력이 부분적으로 있었던 것은 확실합니다. 집을 소유한다거나 하는 것에는 아메리칸 드림American dream의 측면이 있었습니다. 이 기간 중 자가 소유는 늘었습니다. 하지만 이 경우에 모든 책임을 정부로 돌리는 것은 아마 잘못된 일일 것입니다. 왜냐하면, 가장 저급한 대출은 대부분 민간부문의 대부자에 의해 이루어진 연후에 민간부문의 자산 유동화를 위해 매각되었기 때문입니다. 다시 말해, 가장 저급한 대출은 패니메이나 프레디맥을 거치지 않고 이를테면 투자자들에게 바로 팔렸다는 것입니다. 패니메이와 프레디맥도 서브프라임 주택담보대출을 인수했던 것은 사실입니다. 하지만 처음부터 그랬던 것이 아니라, 실제로는 다소 기간이 경과한 이후부터 그렇게 했던 것이지요. 어쨌든, 주택담보대출 심사 기준의 저하와 민간 투자자에 대한 주택담보대출 묶음의 매각에서 민간부문이 큰 역할을 수행했다는 점은 분명합니다. 정부의 장려가 전혀 없었는데도 말이지요.

학생 의장께서 지휘하시는 연방준비제도가 갖는 특징들 가운데 하나는 투명성에 대한 약속이라고 생각합니다. 이 강의실의 우리 모두가 그와 같은 정책의 수혜자입니다. 하지만 일이 잘못되는 경우에는 지나친 투명성이 오히려 중앙은행의 신뢰에 실제로 해를 끼치게 되는 것은 아닐지 궁금합니다. 의장께서는 어떻게 생각하시는지요.

버냉키 의장 나는 적어도 두 가지 이유로 투명성이 매우 중요하다는 데에 일반적으로 동의합니다. 중앙은행의 독립성이 중요하다는 점에 대해서는 이미 말씀드린 바 있습니다. 바로 여기서 한 가지 연관성을 찾을 수 있습니다. 만약 어떤 중앙은행이 독립되어 있고 모두에게 영향을 미치는 중요한 결정을 내리고 있다면, 그 중앙은행에게 반드시 책임을 물을 수 있어야 합니다. 그 중앙은행이 무엇을 하고 있는지, 왜 그런 일을 하는지, 그리고 어떤 근거로 결정을 내리는지를 사람들이 이해해야만 합니다. 그러므로 나는, 민주적 책임성을 위해 중앙은행의 투명성이 중요하다고 생각합니다. 나는 언제나 증언하고, 연설하며, 타운홀미팅을 비롯해서 이런 자리와 같은 모임에도 참여하고, 기자 회견도 합니다. 나는 연준이 어떤 일을 하는지, 왜 그런 일을 하는지를 내가 설명하는 것이 매우 중요하다고 생각합니다. 투명성이 필요한 다른 한 가지 이유는, 투명성이 통화정책의 작용을 대개는 개선시킬 수 있다는 사실에 대한 이해가 시간이 경과하면서 증대된 데 있습니다. 예를 들자면 연준이 만약 미래에 X 혹은 Y의 행동을 취할 것임을 알리면서 그 정보를 시장에 전달하면 시장은 그와 같은 예상을 금리에 반영하는 방식으로 반응할 것입니다. 그렇게 되면 통화정책이 경제에 미치는 효과가 더욱 강력해질 수 있겠지요. 이렇게 커뮤니케이션은 불확실성을 줄여주기도 하고 금융시장에서 통화정책의 영향을 강화하는 데에 도움이 됩니다.

학생 제 질문은 물가안정과 인플레이션 기대에 관한 것입니다. 의장께서는 거시경제안정 및 장기 경제성장의 중요성에 대해 언급하셨습니다. 최근 들어 시장에 엄청난 양의 유동성이 유입되었는데도 어떻게 연준은 인플레이션 기대를 아주 낮게 유지해 올 수 있었는지요?

버냉키 의장 그것은 내 전임자들—특히 볼커 의장, 그리고 그린스펀 의장—덕분이라고 생각합니다. 그분들이 인플레이션을 낮게 끌어내려 그 수준을 그대로 유지했으니까요. 사람들은 보이는 것에 익숙해지는 법입니다. 인플레이션이 매년 낮은 수준에 머물러 있는 세상에서 사람들은 중앙은행—연준이든 아니면 어떤 다른 중앙은행이든—이 인플레이션을 낮게 유지하는 자신의 책무를 완수하리라는 점에 대해 점점 더 확신하게 됩니다. 유가 변동을 비롯해 경제에 여러 다른 충격들이 있었고 심각한 경기침체 및 금융위기도 겪었지만, 대부분의 기간 내내 인플레이션 기대가 연준의 목표치인 약 2퍼센트 주위에서 꽤 안정적으로 고정되어 온 것은 매우 주목할 만한 일입니다.

제3강

글로벌 금융위기와
연방준비제도의 대응

오늘은 글로벌 금융위기에 대한 연준의 대응에 대해 논의하고자 합니다. 지난 제1강과 2강에서 나는 핵심적인 주제를 언급했습니다. 다름 아닌 금융안정과 경제안정이라는 중앙은행의 두 가지 주요 책무에 대해서였지요. 이번에는 방향을 바꿔 두 기기 주요 정책 수단에 대해 이야기하겠습니다. 먼저, 금융안정에서 중앙은행의 주요 정책 수단은 최종대부자로서의 권한입니다. 이는 중앙은행이 단기 유동성을 제공함으로써 금융기관이 자금 조달에 실패한 부분을 메워주는 것입니다. 수세기에 걸쳐 그랬듯이, 중앙은행은 금융패닉을 진정시키는 데 도움을 줄 수 있습니다. 한편, 경제안정에서 중앙은행의 주된 정책 수단은 통화정책입니다. 평상시, 통화정책은 단기 금리의 조정을 수반합니다.

　오늘 나는 2008~2009년 금융위기가 격렬히 분출되었던 국면에 대해 논의하려고 합니다. 따라서 오늘 강의의 초점은 주로 중앙은행의 최종대부자 기능에 두어지게 될 것입니다. 마지막 강의인 제4강에서는 다시 통화정책으로 돌아가, 금융위기의 여파 및 경기 회복을 이야기할 것입니다.

지난 제2강에서 나는 금융시스템의 몇몇 취약성—주택 가격의 하락을 위기로 바꿔놓은 취약성—에 대해 설명했습니다. 당시 주택 가격 하락 자체가 닷컴 주식기격 하락보다 더 위협적이라고 생각되었던 것은 아닙니다. 그럼에도 주택 가격 하락이 아주 심각한 위기로 이어졌던 것은, 바로 그 취약성 때문이었습니다. 지난번 말씀드린 민간부문의 취약성에는 여러 가지가 포함됩니다. 어쩌면 대완화기로 인해 민간부문이 과다 채무를 지게 되었던 점, 매우 중요하게는 은행이 자기 자신의 리스크를 감시할 능력이 없었던 점, 19세기의 은행을 보면 잘 알 수 있듯이 단기자금에 대한 과도한 의존으로 인해 단기자금이 빠져나가면서 자금인출사태에 속수무책이었던 점, 특정 기업이나 시장으로 리스크를 집중시키는 신용부도스왑CDS 등 이색 증권의 활용이 늘어난 점 등이 바로 민간부문의 취약성이었습니다.

공공부문에도 특유의 취약성이 있었습니다. 여기에는 규제 구조의 허점이 포함되었지요. 중요한 기업 및 시장이 충분한 감시를 받지 않았거든요. 적어도 법률적으로는 충분한 감시 의무가 정해져 있는 경우라 해도, 감독 규제자들이 자신의 업무를 제대로 수행하지 못한 경우가 더러 있었습니다. 예를 들어, 이들은 은행이 자신의 리스크를 감시·관리하는 일을 더 잘 할 수 있도록 영향력을 행사하는 데에 충분한 주의를 기울이지 않았습니다. 마지막으로, 이번 위기를 경험하고서야 비로소 우리가 주목하기 시작하게 된 중대한 허점은, 개별 감독 기구들이 제각기 금융시스템의 서로 다른 부분을 살펴보고는 있었지만 금융시스템 전체의 안정성에 대해서는 충분한 주의가 기울여지지 않았다는 점입니다.

중요한 공공부문 취약성을 하나 더 말씀드리겠습니다. 이른바 정부지원기업인 패니메이와 프레디맥에 대한 것입니다. 두 기업에 각각 주주 및 이사회가 있다는 점에서, 패니메이와 프레디맥은 명목상으로는 민간 기업입니다. 하지만 이들은 의회가 주택산업을 지원하기 위해 설립한 기업입니다. 흔히 패니와 프레디로 불리는 이들 기업은 주택담보대출을 수행하는 기관이 아닙니다. 그렇기 때문에, 여러분이 패니 본사를 방문하여 주택담보대출을 받을 수는 없습니다. 대신, 이들은 주택담보대출을 세공한 대출기관과 주택담보대출을 받은 최종 채무 보유자 사이에서 중개인이 됩니다. 그래서 주택담보대출을 실시하는 은행이 원한다면, 그 주택담보대출을 패니 또는 프레디에게 양도할 수 있는 것이지요. 이제 패니와 프레디는 자신이 매입하는 주택담보대출을 모두 한데 모은 후 이를 기초자산으로 하는 주택저당증권mortgage-backed security, MBS 을 발행하여 투자자들에게 판매하게 됩니다. 주택저당증권은 기초자산인 주택담보대출 수백 개 혹은 수천 개를 결합한 증권에 지나지 않습니다. 이런 과정을 유동화securitization라 부릅니다. 패니와 프레디는 이러한 유동화 금융 기법을 통해 주택담보대출을 위한 자금을 조달하는 기본 체계를 확립하는 데서 선도적 역할을 수행했습니다. 특히, 정부지원기업인 패니와 프레디는 주택저당증권을 판매하면서 신용 손실에 대비한 지급보증도 함께 제공합니다. 이에 따라 주택저당증권의 기초자산인 주택담보대출이 부실화되면 패니와 프레디는 투자자가 입게 되는 손실을 보전해주게 되지요. 그런데 이들은 자본이 부족한 상대로 조업이 가능하도록 허용되어 있었습니다. 그러다보니 주택담보대출에서 많은 손실이 발생하는 상황이 되면서 패니와 프레디가 특히 위험한 상태에 빠지게 된 것이지요. 이는, 자신의 보증 의무를 이행할 수 있을 만큼 충분한 자본을 가지고 있지 않았기 때문입니다. 금융위기의 다양한 측면이 예견되지는 않았던 것과는 달리, 패니와 프레디의 자본 부족은 예견된 문제였습니다. 시간을 거슬러 올라가 위기가 닥치기 이전의 적어도 십 년을 살펴보면, 이미 그 당시에도 연준을 비롯하여 많은 사람들이 패니와 프레디의 자기자본 부족은 금융시스템 안정을 위협하는 한 요인이라는 사실을 지적했거든요. 상황을 더욱 악화시켰던 것은, 패니와 프레디가 투자자들에게 주택저당증권을 판매했을 뿐만 아니라 상당한 금액의 주택저당증권을 자기계정 자금으로 매입하기도 했다는 사실이었습니다. 이들이 매입한 주택저당증권에는 자체 발행분도 있었지만 민간부문 발행분도 일부 있었습니다. 패니와 프레디는 주택담보대출을 보유함으로써 이윤을 얻기도 했지만 그 대출의 상환이 보장되지 않은 만큼 손실에 취약했고 자기자본이 충분치 못해 위험에 빠졌던 것입니다.

주택 가격의 과열 및 붕괴만이 주택시장에 큰 피해를 야기하고 금융위기의 중요한 기폭제가 되었던 것은 아닙니다. 주택담보대출 상품의 특성이나 시장의 관행도, 주택 가격의 변동과 어우러져 주택시장에 역시 큰 피해를 야기했고 금융위기의 중요한 기폭제가 되었거든요. 이색적인 주택담보대출 상품이 다수 나와 있었습니다. 여기서 이색적인 상품이란 비표준적인 주택담보대출 상품을 의미합니다(만기가 30년이고, 차주 신용 등급은 우량prime이며, 고정 금리가 적용되는 주택담보대출이 표준 상품입니다). 서로 다른 온갖 유형의 주택담보대출 상품이 신용도가 낮은 사람들에게까지 제공되는 일이 잦았습니다. 이런 이색적인 대출 상품들 대부분이 갖는 한 가지 특징적 공통점은 주택 가격이 꾸준히 상승해야만 대출 상환이 가능하도록 설계되었다는 것입니다. 예를 들어, 여러분이 최초 금리가 1퍼센트인 변동금리 주택담보대출로 자금을 차입한다고 생각해봅시다. 이런 상황이 의미하는 바는, 여러분이 첫 한두 해 동안은 별 문제없이 이자를 갚을 수 있으리라는 것이지요. 이제 주택담보대출 금리가 2년 후에는 3퍼센트로, 4년 후에는 5퍼센트로 오르는 등, 시간 경과에 따라 계속 상승한다고 합시다. 여러분이 이런 상황을 피하려면 어떤 시점에선가 좀 더 표준적인 주택담보대출 상품으로 갈아타야 할 것입니다. 주택 가격이 오르는 동안에는 이렇게 이자가 낮은 담보대출 상품으로 갈아타는 일이 가능합니다. 주택 가격의 상승으로 주택 소유주의 지분이 새로 만들어지기 때문이지요. 하지만 일단 주택 가격 상승이 멈추고 나자—2006년 즈음에는 주택 가격이 이미 매우 급격히 하락하고 있었습니다—차입자인 주택 소유주는 주택 가격이 주택담보대출의 채무액에도 미달하는 상황에 놓이게 되었습니다. 지분이 쌓이기는커녕 깡통주택 보유자가 된 것이지요. 이런 상태로는 저리의 다른 담보대출 상품으로 갈아타기가 불가능했습니다. 그러므로 이런 분들의 주택담보대출 상환 부담은 어찌해볼 도리 없이 늘어만 갔습니다.

주택담보대출에 관련된 불량 관행에는 다음과 같은 것들이 일부 사례로 포함됩니다.

- 이자 납입 변동금리 주택담보대출*
- 옵션부 변동금리 주택담보대출(차주가 월부금 규모를 선택하여 상환할 수 있도록 월부금 지급 옵션이 달려 있는 변동금리 주택담보대출)**
- 장기 분할상환(상환 기간이 30년을 초과하는 주택담보대출)
- 역상각 변동금리 주택담보대출***(초기 월부금이 이자비용에도 못 미치게끔 고안된 주택담보대출)

---

* 대출 초기에는 이자만 납입하다가 거치 기간 경과 후 원리금 분할상환이 개시될 때 차주의 부담이 커지는 구조

** 대출 초기에는 월부금(이자) 부담이 작은 쪽을 차주가 선택할 수 있으나 나중에는 그로 인해 상환 부담이 더욱 커지는 구조

*** 차주가 초기에 선택적으로 납입하지 않은 이자가 원금에 가산됨으로써 상환해야 하는 원금 잔액이 원래 융자받은 금액보다도 더 커지는 역상각 구조

• 무증빙 대출

　주택담보대출에 관련된 이들 불량 관행 대부분이 공통적으로 가지고 있던 특징은, 대출 초기에는 차주의 월부금 상환 부담이 적지만 나중에 시간이 경과하면서 그 부담이 점차 늘어나도록 하는 구조라는 것입니다. 예를 들어 옵션부 변동금리 주택담보대출을 생각해봅시다. 이는 대출 초기 동안 매월 월부금을 얼마나 상환할 것인지에 대한 차주의 선택권이 부가된 변동금리 주택담보대출 상품입니다. 차주는 매월 상환해야 할 이자 총액보다 일단 적게 납입할 수는 있으나, 그 차액은 다시 주택담보대출 원금에 더해지므로 추후 차주의 상환 부담이 늘어나는 것이지요. 무증빙 대출과 같은 주택담보대출의 불량 관행들에 공통적이던 또 하나의 특징은, 대출을 실시하기 진에 대출시행의 적정성 판단을 위한 심사 과정을 거의 거치지 않았다는 것입니다. 이는 차주의 신용노 및 주택담보대출 상환능력을 확인하기 위한 분석이 거의 이루어지지 않았음을 의미합니다.

　그림 22는 당시의 광고물 두 가지로서, 몇 가지 이슈를 잘 드러내주고 있습니다. 나는 오른쪽 광고물이 마음에 듭니다만, 회사 이름은 지웠습니다. 이 광고물이 제시하는 특가상품을 살펴봅시다. 먼저 "1퍼센트의 낮은 최초 금리1% Low Start Rate"라고 적혀 있습니다. 최초 금리란 첫 해에 내는 이자율입니다만, 이듬해의 이자율이 무엇인지는 밝히고 있지 않네요. "소득증명 불필요Stated Income"

그림 22. 대출 관행의 질적 저하

는 대출 신청자가 자신의 소득을 말하면 대출 회사가 이를 받아 적을 뿐, 더 이상의 소득 확인 과정은 없다는 뜻입니다. 다시 말해, 대출 신청자가 자신의 소득을 증명할 필요가 없다는 것이지요. "무증빙No Documentation"이란 글자 그대로의 의미입니다. "100퍼센트 융자100% Finance"란 자기자금 의무가 없다는 뜻입니다. 다시 말해, 주택 가격 전액을 대출받을 수 있다는 것이지요. "원금 상환 불필요 대출Interest-Only Loans"은 이자만 납부하면 되고 원금은 상환할 필요가 없다는 뜻입니다. 그리고 "채무 정리Debt Consolidation"는 재미있는 절차로, 여러분이 주택담보대출 회사에 가서 이렇게 요구할 수 있게 해줍니다. "주택 구입을 위해 자금을 차입하려 하는데, 귀 회사에서 주택담보대출을 받는 김에 내 신용카드 채무를 비롯한 기존의 다른 모든 빚을 단일 주택담보대출로 통합할 생각입니다. 그렇게 해주시면 1퍼센트의 최초 금리를 낼게요"라고 말이지요. 이런 것들이 매우 문제가 많은 몇몇 관행이라는 점은 두말할 것도 없습니다.

주택담보대출회사, 은행, 저축대부조합, 그리고 그 밖의 다양한 금융기관들이 이런 비표준적 주택담보대출 상품을 취급했습니다. 그런데, 이런 대출은 결국 어디로 갔을까요? 이들 대출을 위한 자금은 어떻게 조달되었을까요? 일부 대출은 그 주택담보대출을 제공한 금융기관의 대차대조표에 자산으로 남았습니다. 하지만 이런 이색 대출이나 서브프라임 대출 중 다수가, 아니 심지어 대부분이, 유동화 증권으로 모습을 바꿔 시장에서 매각됨으로써 현금화되었습니다.

일부 주택저당증권은 상대적으로 단순했습니다. 패니와 프레디에 양도될 수 있으려면 주택담보대출이 이들이 정한 인수 기준을 충족해야 했습니다. 앞서 말씀드린 대로, 패니와 프레디는 다수의 주택담보대출을 한데 묶은 후 이를 기초로 지급보증부 주택저당증권을 만들어 판매했습니다. 이들 증권은 기본적으로 수백 혹은 수천 개의 주택담보대출만으로 구성된 것들로 비교적 단순한 구조를 가지고 있습니다.

하지만 또 다른 일부 증권은 매우 복잡한 구조로 만들어져 이해하기가 쉽지 않았습니다. 부채담보부증권^{CDO}이 그런 일례입니다. 부채담보부증권은 주택담보대출과는 다른 유형의 채무를 주택담보대출과 함께 하나의 패키지로 묶어서 만든 증권인 경우가 많았습니다. 그런데 이 단일 패키지를 상이한 방식으로 잘라낼* 수가 있었습니다. 이는 만기와 수익률 면에서 서로 차이가 나는 부채담보부증권을 만들어내기 위해서였습니다. 그래야 어떤 투자자는 증권의 가장 안전한 부분을 매입하고 또 다른 투자자는 가장 위험한 부분을 매입할 수 있으니까요. 이런 증권들은 상당히 복잡했으므로 많은 분석이 필요했습니다.

많은 투자자들이 이러한 부채담보부증권에 기꺼이 투자했던 한 가지 이유는 채권을 비롯한 각종 증권의 품질을 평가하는 신용평가회사가 이들 증권 다수에게 AAA 등급을 부여함으로써 투자자들이 안심할 수 있었기 때문입니다. AAA 등급이라는 평가는, 사실상 해당 증권이 매우 안전해서 신용 위험에 대해 걱정할 필요가 없다는 사실을 나타내는 것이었으니까요. 이런 수많은 증권들이 투자자들—이들 중에는 연기금, 보험회사, 외국은행은 물론, 일부 경우에는 심지어 부유한 개인도 있었지요—에게 팔려 나갔습니다. 다만, 이 증권을 만들어낸 금융기관도 그 중 일부를 보유하는 일이 많았습니다. 예를 들어, 금융기관들은 때로 서류상의 회계 처리를 위해 가공 자회사인 부외기구off-balance-sheet vehicles를 설립하고

---

* 본문에서 "채무 패키지를 잘라낸다"는 말은 하나의 기초자산 포트폴리오에 대해 만기와 수익률이 서로 다른 복수 유형의 부채담보부증권을 발행한다는 의미이다. 기초자산으로부터 현금 흐름이 발생하면 이를 소정의 지급 우선순위에 따라 트랜치(tranche)로 구분된 각 부채담보부증권에 배정하게 된다. 이 때, 선순위로 현금 흐름이 배정되는 트랜치는 높은 신용등급으로, 그리고 후순위로 현금 흐름이 배정되는 트랜치는 낮은 신용등급으로 각각 평가된다.

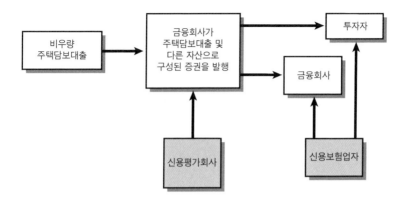

그림 23. 서브프라임 주택담보대출의 유동화

기업어음과 같은 금융수단으로 조달한 저리의 단기자금으로 이 증권을 매입 보유하도록 했습니다. 그러니까 이 증권의 일부는 투자자들에게 소화되었고 나머지 일부는 금융기관 자신이 보유했던 것이지요.

　게다가, AIG와 같이 보험을 제공하는 회사도 있었습니다. 이들은 다양한 신용파생상품을 이용하여, "우리에게 보험료를 내시면 여러분이 투자한 주택저당증권이 설혹 부실화된다 해도 온전히 보상해드립니다"라고 선전했습니다. 보험으로 신용이 보강된 덕분에 주택저당증권은 손쉽게 AAA 등급을 받을 수 있었습니다. 이렇게 보험이 부가된다고 해서 기초증권 자체가 더 나아지거나 하는 것은 물론 아닙니다. 기본적으로는 오히려, 그로 인해 위험이 금융시스템 전반으로 확산될 수 있는 상황이 조성되었지요.

그림 23은 서브프라임 주택담보대출의 유동화가 어떻게 작동하는지 그 구조를 보여줍니다. 그림 왼편의 박스에는 "비우량 주택담보대출"이라 씌어 있는데, 대출 회사나 저축 기관이 제공하는 주택담보대출을 생각하면 될 것입니다. 이들 회사는 대출의 건전성에 대해서는 그다지 크게 신경 쓰지 않습니다. 어차피 팔아치우게 될 테니까요. 이 때, 이들 회사의 주택담보대출은 대형 금융회사에 판매됩니다. 그리고 나면, 이번에는 대형 금융회사가 자신이 사들인 주택담보대출 채권은 물론 아마 다른 증권들까지도 모두 한데 모은 후 이를 기초자산으로 하는 단일 증권을 만들어냅니다. 이렇게 탄생된 단일 증권은 기본적으로, 주택담보대출을 비롯한 다른 증권 모두를 기초자산으로 묶어 놓은 하나의 혼합체인 셈이지요.

이렇게 새 증권을 만들어낸 금융회사는 이제 신용평가회사와 협의하면서 "이 증권이 AAA 등급을 받으려면 어떻게 해야 하나요?"라고 묻습니다. 밀고 당기는 협상 및 논의의 과정을 거쳐 마침내 이 증권은 AAA 등급을 받게 될 것입니다. 금융회사는 이 증권을 다른 방식으로 조각내거나, 아니면 원래 상태 그대로 연기금과 같은 투자자들에게 판매합니다. 다시 한 번 말씀드리지만, 금융회사는 이 증권의 적지 않은 부분을 자신의 장부에 직접적으로 보유하거나 관계회사인 투자 기구를 통해 간접적으로 보유하게 됩니다. 이제 마지막으로, 그림의 오른편에는 AIG 및 다른 주택담보대출 보험회사들처럼 신용 위험에 대해 보험을 제공하는 신용보험업자가 있습니다. 이들은 수수료를 받고 기초자산인 주택담보대출이 부실화될 경우를 대비해 보험을 제공합니다. 지금까지 유동화 과정의 기본 구조에 대해 말씀드렸습니다. 나는 유동화 과정의 세부 흐름을 망라하는 완벽한 구조도flow charts를 본 적이 있습니다. 실제로는 유동화 과정이 얼마나 복잡한지 모릅니다. 현실의 구조도를 엄청나게 단순화시킨 버전이긴 합니다만, 여기 보여드린 그림 23은 유동화의 기본 개념을 모두 담고 있습니다.

다들 기억하시겠지만, 유동성이 낮은 자산(예를 들어 장기 대출)과 유동성이 높은 부채(예를 들어 예금)를 함께 보유하는 금융기관이 금융시스템 내에 존재한다면 그것이 어떤 유형의 금융기관이든 금융위기 혹은 패닉이 일어날 수 있습니다. 전통적인 은행패닉에서는 은행이 보유한 자산의 건전성을 그 은행의 예금주들이 믿지 못하게 되는 경우 이들은 은행으로 달려가 자신의 예금 잔액을 빼내게 됩니다. 이 때 은행이 모든 예금주에게 잔액을 내어줄 수는 없는 일입니다. 왜냐하면 은행이 운용하던 대출 자산을 모든 예금주의 인출 요구에 따라 충분히 신속하게 현금화하기란 불가능하기 때문입니다. 그런 이유로 뱅크런은 자기실현적입니다. 은행은 자신이 보유한 모든 장기 자산을 즉각 시장에서 떨이로 처분해서 큰 손실을 봐야 할 것입니다. 그렇게 하지 않는다면 부도를 맞게 되겠지요.

2008~2009년의 위기 역시 전통적인 금융패닉이었지만, 패닉 발생의 제도적 배경은 달랐습니다. 금융패닉이 은행을 배경으로 발생한 것이 아니라 보다 광범위한 금융시장을 배경으로 했던

점에서 그렇습니다. 2006~2007년에 주택 가격이 떨어지면서, 서브프라임 주택담보대출을 받았던 사람들은 내가 앞서 이야기한 이유들로 인해 정상적으로 상환을 할 수 없게 되었습니다. 시간이 흐르면서 연체나 채무불이행이 점점 더 늘어나리라는 점과, 그로 인해 금융회사들, 그 자회사인 투자 기구들, 그리고 AIG와 같은 신용보험업자까지도 손실을 떠안게 되리라는 점이 점점 더 분명해졌습니다. 불행하게도, 자산유동화증권은 극도로 복잡했는데도 자신의 리스크에 대한 금융회사의 자체 모니터링은 충분히 효과적인 것은 아니었습니다. 손실만이 문제였던 것은 아닙니다. 미국 내 서브프라임 주택담보대출 채권을 모두 한데 모아놓고 이것들의 가치가 몽땅 사라진다고 가정하더라도, 그로 인해 금융시스템 전체적으로 입게 되는 총손실은 시황이 좋지 않은 어느 하루 사이에 주식시장에서 겪게 되는 손실과 대체로 엇비슷한 정도의 액수에 지나지 않았기 때문입니다. 손실 자체가 엄청나게 큰 규모는 아니었다는 뜻입니다. 진정한 문제는, 서로 다른 증권과 서로 다른 장소에 손실이 널리 분산되어 있었다는 데에 있었습니다. 그래서 그런 손실이 구체적으로 어디에 분포하고 있으며 누가 손실을 보게 될 것인지에 대해 아무도 도무지 알아낼 도리가 없었지요. 금융시장에 엄청난 불확실성이 생겨났던 것은 바로 이런 이유에서였습니다.

그 결과, 기업어음 시장을 비롯한 여러 단기자금 시장에서 대부자들은 자금 제공을 거부했습니다. 부보예금이* 아니라도, 자금을 조달하는 데에는 온갖 종류의 방식이 있었습니다. 이런 방식들이 소위 도매 금융^{wholesale funding}이며, 투자자 및 여타 금융회사들이 자금을 제공했지요. 그런데 어떤 회사에 대해 의심이 생기기만 하면 표준적 뱅크런에서와 같이 투자자, 자금 대부자와 거래 상대방 기업 할 것 없이 모두가 그 회사에 제공했던 자신의 자금을 신속히 되찾아가려 합니다. 이는, 예금주들이 문제가 있어 보이는 은행에서 자신이 맡겼던 예금을 되찾아가려 하는 뱅크런에서와 마찬가지 이유 때문입니다. 이에 따라 전반적으로 일련의 자금인출사태가 벌어졌고, 그로 인해 주요 금융회사들은 자금 조달에 엄청난 압박을 받게 되었습니다. 이들은 자금줄이 막히면서 보유 자산을 급매할 수밖에 없었고, 중요한 금융시장 다수가 심각한 혼란을 겪었습니다. 대공황 기간 중에는 은행 수천 개가 파산하긴 했지만 적어도 미국에서는 그 대부분이 소형 은행이었습니다. (유럽에서는 일부 대형 은행들도 파산했지만 말이지요.) 이런 대공황기의 상황과 비교할 때 2008년이 달랐던 부분은, 다수의 소형 은행들이 파산하기도 했지만 미국 내 초대형 금융기관들 중 상당수도 극심한 압박에 시달렸다는 사실입니다.

극심한 자금 압박에 처했던 몇몇 기업을 살펴보도록 합시다. 먼저 투자은행이던 베어스턴스입니다. 2008년 3월 단기자금 시장에서 극심한 자금 압박에 직면했던 베어스턴스는 3월 16일 연방준비제도의 자금 지원 하에 JP모건체이스에 매각되었습니다. 그런 다

---

* 부보예금이란 예금자보호 대상 예금을 의미한다.

음 상황은 다소 진정되었고 그 해 여름 들어서는 금융위기의 파고가 잦아들 것이라는 약간의 희망이 대두하기도 했습니다. 하지만 이후 여름이 끝나가면서 상황은 정말이지 악화되기 시작했습니다.

2008년 9월 7일, 패니와 프레디는 지급불능에 빠진 것이 분명해졌습니다. 패니와 프레디의 자본이 주택담보대출의 보증 손실을 감당할 만큼 충분하지 않았으므로, 연방준비제도는 이들의 감독자 및 재무부와 협력하여 자본 부족분 규모를 확정지었습니다.* 재무부는 연준의 협조로 그 주말, 패니와 프레디를 "컨서버터쉽conservatorship"이라 부르는 일종의 제한적 파산 상태인 것으로 판정했습니다.** 이와 동시에, 의회는 패니와 프레디가 보유한 모든 채무에 대한 재무부의 지급보증을 승인했습니다. 이렇게 해서, 패니와 프레디는 부분적으로는 파산 상태이긴 했으나 이들이 발행한 주택저당증권의 지급을 미국 연방정부가 보증했던 것이지요. 이것은 투자자 보호를 위한 조치였으며, 그런 보호 조치를 내려야만 했습니다. 만약 그렇게 하지 않았더라면 위기는 대단히 격화되었을 것입니다. 전 세계의 투자자들이 이들 증권을 글자 그대로 수천억 달러어치나 보유하고 있었기 때문입니다.

---

* 여기서 패니와 프레디의 감독자란 연방주택금융청(Federal Housing Finance Agency, FHFA)을 가리킨다.

** 컨서버터쉽 하에서 패니메이와 프레디맥의 모든 의사 결정은 후견인인 정부의 관리 하에 놓이게 된다. 이는 정부가 민간 기구를 직접 통제하는 것이지만 상대적으로 일시적인 성격이 강하므로, 컨서버터쉽은 국유화와는 구분된다고 할 수 있다.

9월 중엽으로 접어들 무렵에는 투자은행이던 리먼브러더스가 심각한 손실을 입었습니다. 엄청난 자금 압박에 처했지만 아무도 이 회사를 인수하거나 혹은 자본을 제공하려 하지 않았습니다. 결국 9월 15일 리먼브러더스는 파산을 신청했습니다. 같은 날, 또 다른 대형 투자은행이던 메릴린치가 뱅크오브아메리카에 인수되었습니다. 그 덕분에, 기본적으로, 파산하게 될지도 모르는 위험에서 메릴린치가 구제된 것이었습니다.

이튿날인 9월 16일에는 신용보험 상품을 판매해온 세계 최대의 종합 보험회사인 AIG가 엄청난 공격에 직면했습니다. 불어난 의무 증거금* 또는 단기채무 상환을 요구하는 사람들로부터 현금 요구가 쇄도했던 것이지요. 이에 연방준비제도는 AIG에 긴급 유동성을 지원함으로써 회사의 파산을 막았습니다.

워싱턴뮤추얼은 대형 저축 기관 중 하나로, 서브프라임 주택담보대출의 대규모 공급자였습니다. 워싱턴뮤추얼의 감독자는 2008년 9월 25일 회사의 폐쇄를 결정했습니다. 이 회사는 여러 부문으로 분할된 후, JP모건체이스에 인수되었습니다. 10월 3일에는 미국의 5대 대형 은행 가운데 하나로 심각한 자금난을 겪던 와코비아가 주택담보대출의 또 다른 대규모 공급자인 웰스파고에 인수되기도 했습니다.

---

*AIG는 신용부도스왑 거래에서 보장 매도를 했는데 AIG의 신용 위험이 불거지면서 보장을 매수한 투자자들에게 증거금으로 지급해야 하는 금액이 늘어났다.

내가 거론하고 있는 회사들은 모두 미국 내 상위 10~15대 금융회사에 속하는 기업들이었습니다. 비슷한 일이 유럽에서도 일어났습니다. 이런 점에서, 위기로 인해 소형 은행들만 영향을 받는 상황은 아니었습니다. 가장 복잡한 초대형의 국제적인 금융기관들이 파산 직전으로까지 몰리게 되는 상황을 우리가 경험하게 된 것이지요.

이제 내가 제1강에서 논의했던 대공황의 교훈을 다시 음미해 봅시다. 첫째, 1930년대에 연방준비제도는 은행시스템 안정화를 위해 자신이 해야 할 역할을 충분히 수행하지 않았습니다. 여기서 얻어지는 교훈은, 금융패닉을 맞게 되어 중앙은행은 자금인출사태를 막고 금융시스템을 안정시키기 위해 배저트 원리에 따라 아낌없이 대출해야 한다는 것입니다. 둘째, 1930년대에 연방준비제도는 디플레이션과 통화량 위축을 막기 위해 자신이 해야 할 역할을 충분히 수행하지 않았습니다. 그러므로 대공황의 두 번째 교훈은, 경제가 심각한 침체를 피하도록 하기 위해서는 수용적 통화정책이 필요하다는 것입니다. 이와 같은 두 가지 교훈을 유념하면서 연방준비제도와 연방 정부는 국내적으로는 다른 감독 기관들과, 그리고 국제적으로는 해외 각국의 중앙은행 및 정부와, 각각 협력하는 가운데 금융패닉을 막기 위해 적극적인 조치들을 취했습니다.

그런데, 그동안 충분히 주목받지 않았던 것으로 보이는 최근 금융위기의 한 가지 측면은 이것이 글로벌한 위기였다는 사실입니다. 특히, 미국뿐만 아니라 유럽 역시 매우 심각한 위기를 겪었으니까요. 하지만 그런 덕분에 아주 인상적인 국제 공조 사례가 만들어지기도 했지요.

　이미 예정되었던 G7 회의가 마침 2008년 10월 10일 워싱턴에서 열렸습니다. 가장 큰 7개 선진국을 뜻하는 G7의 중앙은행 총재와 재무장관들이 워싱턴에 모인 것이지요. 은밀한 극비 사항을 하나 알려 드릴까요. 세간의 이목이 집중된 이런 대규모 국제회의라면 흔히 정말 지루하기 짝이 없기 마련입니다. 왜냐하면 회의에서 이루어져야 할 작업의 대부분을 실무진들이 이미 다 마쳐놓은 상태이기 때문입니다. 우리도 논의를 하긴 합니다만, 실무진들에 의해 공식 발표문은 이미 작성이 완료된 상태이므로 대부분의 경우 회의가 정해진 틀에 따라 매우 형식적으로 진행됩니다. 그런데 2008년의 G7 회의는 그런 지루한 회의가 아니었습니다. 기본적으로 의제를 없던 것으로 한 채, 우리가 무엇을 해야 하는가에 대해 논의했기 때문입니다. 글로벌 금융시스템을 위협하고 있는 이 금융위기를 멈추기 위해 우리가 어떤 공동의 노력을 기술여야 할 것인가의 문제에 대해서 말이지요. 우리는 아무런 초안도 만들어져 있지 않은 상태에서 연방준비제도의 몇 가지 제안을 토대로 위기 대응의 원칙에 관한 성명서를 마침내 마련해냈습니다. 그런 원칙들 가운데에는 시스템상 중요 금융기관이 더 이상 파산하지 않도록 공동 노력을 기울이겠다는 내용도 포함되었습니다. 이것은 리먼브러더스 사태가 벌어진 이후였기 때문이지요. 은행 및 다른 금융기관들이 중앙은행으로부터 자금을 조달할 수 있고 정부로부터 자본을 확충할 수 있도록 하겠다는 내용과, 예금주 신뢰와 투자자

신뢰를 회복하기 위해 노력하고 신용시장의 정상화를 위해 가능한 최대한 협력하겠다는 내용도 들어 있었습니다. 이는 하나의 글로벌 협약이었습니다. 이에 따라 그 다음 주에는 처음으로 영국이 자국 내 은행시스템의 안정화를 위한 종합 프로그램을 발표했습니다. 미국은 국내 은행 등에 대한 출자를 위한 주요 조치를 발표했습니다. G7 회의가 끝난 후 이틀 사이에 이처럼 많은 일들이 생겨났지요.

이런 노력이 얼마나 효과적이었는지를 보여주기 위해 그림 24는 은행간 금리 즉 은행간 익일물overnight 대출에 부과되는 이자율을 그래프로 제시하고 있습니다. 은행들에게는 여유 자금을 일시적으로 맡겨 둘 곳이 필요합니다. 그런데 은행들은 그런 여유 자금을 다른 대형 은행에 하루 동안 대출해주는 일은 안전하다는 데 대해 상당한 정도의 신뢰를 갖고 있습니다. 그렇기 때문에, 평상시의 은행간 익일물 금리는 극히 낮아서 1퍼센트에도 훨씬 미치치 못합니다. 하지만, 보시는 바와 같이, 2007년을 시작으로 은행들은 서로에 대한 신뢰를 잃기 시작했습니다. 이러한 사실은 이들 은행이 대출에 서로 부과하는 금리가 상승한 것을 보면 알 수 있습니다. 예를 들어 2007년에는 주택 가격이 떨어지기 시작하면서 주택담보 대출의 건전성이나 기업 재무건전성에 대한 우려가 점증했습니다. 그림을 보면 이에 따른 자금 압박이 나타나기 시작합니다. 2008년 3월 베어스턴스가 어쩔 수 없이 매각되었던 시점에서 또 하나의 작은 정점이 그려져 있습니다. 익일물 금리가 이런 정도로 움직인

베이시스 포인트(0.01퍼센트)

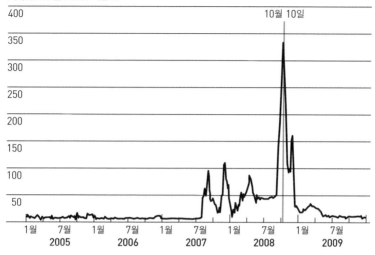

그림 24. 은행간 대출의 비용, 2005~2009년

주: LIBOR(London Interbank Offered Rate) 금리에서 OIS(Overnight Index Swap Rate) 금리를 차감한 것임.*

자료: 블룸버그(Bloomberg)

것은 추후 발생한 상황과 비교할 때 그리 대수롭지 않아 보입니다. 하지만 그 당시로서는 무척이나 어려운 시기였습니다. 이 시기는 금융시장에서, 특히 자금 조달 시장에서 상당히 급격한 변동이 있었기 때문입니다. 이제 베어스턴스의 유동성 문제에 대한 반응으

---

*OIS 금리는 금리 스왑 거래에서 1일물 변동 금리와 교환되는 고정 금리로서 거래에 원금 교환이 수반되지 않는 점 때문에 신용 위험이 거의 없다. 반면 LIBOR 금리에는 은행 간 대출에 수반되는 신용 위험이 반영되어 있다. 따라서 이 두 금리의 차이로 신용위험의 크기를 측정할 수 있다.

로 어떤 일들이 발생했는지 보겠습니다. 은행 간 시장 금리가 크게 급등했는데 이렇게 높아진 금리에서조차 그리 많은 대출은 일어나지 않았던 것 같습니다. 이는 초대형 금융기관들 사이에서조차 갑자기 그 어떤 신뢰도 모두 사라져버렸다는 것을 나타냅니다. 다음 차례는 누가 될지, 다시 말해 누가 파산하거나 누구의 자금줄이 막히게 될지, 아무도 알 수 없었기 때문입니다.

G7 워싱턴 회의의 국제적 대응 원칙이 공표된 이후 어떤 일이 생겨났는지 살펴봅시다. 며칠도 채 지나지 않아 자금 압박이 줄어들기 시작한 것을 볼 수 있습니다. 그리고 이듬해 1월 초 즈음이면 은행시스템의 자금 조달 압박은 크게 개선된 상태입니다. 이것은 국제 공조의 효과를 보여주는 한 가지 훌륭한 사례입니다. 이러한 G7 국제 공조 사례는, 위기가 미국에만 국한된 현상이 아니고, 미국의 정책만 중요한 것이 아니며, 연방준비제도만의 문제가 아니라는 점을 설명해줍니다. 그것은 정말이지 글로벌 차원의 협력—특히 미국과 유럽 사이의 협력—을 위한 노력이었습니다.

그럼에도, 연방준비제도는 유동성 공급을 통해 패닉을 확실히 통제하는 중요한 역할을 수행했습니다. 여기에 대해 나는 먼저 일반론을 간단히 논의한 다음, 몇몇 이슈를 설명해주는 두 가지 사례 연구를 제시하려 합니다. 연방준비제도는 은행들에게 단기자금을 일상적으로 공급하는 수단으로서 재할인 창구discount window라는 제도를 운영하고 있습니다. 영업일 종료 시점에 자금이 일시적으로 부족한 은행이 단기자금 제공의 대상이 되겠지요. 그런 은행이 다음 날 갚기로 하고 그 날 하룻밤 동안만 자금을 차입하기를 원하며, 연준에게 담보를 제시한다고 합시다. 이 경우, 그 담보를 기초로 해당 은행은 연준이 부과하는 금리인 재할인율을 부담하고 하룻밤 동안 자금을 차입할 수 있습니다. 연준이 은행들에게 자금을 대부할 수 있는 장치인 재할인 창구는 이런 방식으로 항상 작동하고 있습니다. 은행들에게 자금을 대부하기 위해 어떤 특별한 조치도 필요하지 않다는 뜻입니다. 연준은 은행들에게 자금을 늘 대부해주고 있으니까요. 하지만 금융패닉에 직면하여, 우리는 연준이 신용을 얼마든지 제공한다는 점에 대해 은행들이 안심하고 받아들일 수 있도록 몇 가지 제도적 변경을 실제로 도입했습니다. 그리고 금융시스템 내부로 더 많은 유동성을 주입하기 위해, 평소 익일 만기로 운용되던 재할인 창구 대출의 만기를 연장했습니다. 이렇게 동 대출의 만기를 장기화하는 동시에, 우리는 재할인 창구를 통해 제공되는 자금에 대해 경쟁입찰을 실시하여 자금 수요자들이 이자를 얼마나 지급할 의향이 있는지 각자의 응찰금리를 제시하도록 했습니다. 이러한 새 제도의 도입에서 우리가 의도했던 바는 경쟁입찰을 통해 배분될 전체 금액을 미리 정해둠으로써 금융시스템 내부로 그 다량의 현금 유동성이 확실히 흘러 들어가도록 만들자는 것이었습니다. 여기서 중요한 논점은, 연준의 통상적인 최종대부자 대출 제도인 재할인 창구가 작동하고 있었다는 것과, 패닉을 진정시키기 위해 우리가 그 장치를 공격적으로 활용함으로써 필요한 현금 유동성에 은행들이 접근할 수 있도록 보장했다는 것입니다.

하지만 연방준비제도가 창설된 1913년 당시의 금융시스템과 비교할 때, 현재의 시스템은 훨씬 더 복잡합니다. 시장에서 현재 활동하는 금융기관의 유형만 해도 훨씬 많아졌으니까요. 앞에서도 말씀드렸듯이, 이번 금융위기는 전통적인 은행위기와 유사하긴 했지만 서로 다른 다양한 유형의 회사들에게 일어났습니다. 또한, 전통적인 위기와는 상이한 제도적 맥락에서 일어났지요. 따라서 연준 역시 재할인 창구를 넘어서는 조치들까지도 취해야 했습니다. 수많은 다른 프로그램들—특별 유동성 및 대출 공급 장치special liquidity and credit facilities—도 새로 만들어내야 했지요. 이런 다양한 프로그램을 통해 우리는 은행이 아닌 여타 유형의 금융기관들에게도 대출해줄 수 있었습니다. 이는 패닉을 진정시키는 최선의 길은 자금줄이 막힌 금융회사들에게 유동성을 제공하는 것이라는 배저트의 원칙에 따른 것입니다. 이들 대출은 모두 연준이 담보를 확보한 상태에서 시행되었습니다. 우리가 납세자 자금으로 리스크를 감수하는 일은 하지 않았다는 의미입니다. 그렇게 하면서도, 우리는 이런 특별 프로그램들을 통해 현금 유동성이 은행뿐만 아니라 시스템 전반으로 흘러 들어가도록 할 수 있었습니다. 다시 한 번 말씀드리지만, 이런 특별 프로그램들을 가동한 것은 금융시스템의 안정성을 강화하고 신용 흐름이 다시 정상화되도록 하는 데에 그 목적이 있었습니다. 이것은 우리 곁에서 수백 년 동안 이어져 내려온 중앙은행의 전통적인 최종대부자 기능이었음을 나는 강조하고자 합니다.* 과거에 비해 달랐던 점은 이 최종대부자 기능이 전통적인 은행업의 맥락에만 국한되어 발휘된 것이 아니라 금융업 전반에 걸친 상이한 제도적 맥락에서 발휘되었다는 것입니다.

　우리가 특별 프로그램을 통해 지원했던 기관과 시장에는 어떤 것들이 있는지 살펴봅시다. 일단 은행에 대해서는 재할인 창구가 활용되었습니다. 그런데 은행과는 다른 유형의 금융회사로서 증권과 파생상품을 거래하는 투자은행들 역시 매우 심각한 문제에 직면해 있었습니다. 당시 베어스턴스, 리먼브러더스, 메릴린치, 골드만삭스, 모건스탠리 등이 그러했습니다. 연준은 이들에 대해서도 담보를 확보한 후 현금 유동성과 단기대출을 제공했습니다. 기업어음 시장에서 자금을 조달하는 회사와 자금시장펀드money market funds, MMF도 지원을 받았습니다. 오늘날의 금융시스템에서는 주택담보대출뿐만 아니라 자동차 할부대출이나 신용카드 등 온갖 종류의 소비자 신용에서 융통되는 자금이 유동화 과정을 거쳐 조달되고 있습니다. 예를 들어 은행은 자신의 신용카드 매출채권 전부를 기초자산으로 묶어 이를 담보로 하나의 증권을 발행한 후 그 증권을 시장에서 투자자들에게 매각할 수 있습니다. 이는 주택담보대출이 양도된 후 주택저당증권이 발행되어 시장에서 소화되는 것과 원리 면에서 매우 유사합니다. 이런 시장을 자산유동화증권 시장

---

*엄밀히 말해서, 전통적 최종대부자 기능이 역사적으로 최초 확립된 시기는 배저트가 영란은행의 최종대부자 역할을 논의했던 1870년대로 보는 것이 정설이다. 따라서 최종대부자 기능의 역사는 수백 년이 아니라 근 150년 정도이며 원문의 표현은 다소 과장된 것으로 보인다.

asset-backed securities market이라 부릅니다. 자산유동화증권 시장에서는 금융위기 동안 사실상 유동성이 고갈되었습니다. 그래서 연방준비제도는 몇몇 새로운 유동성 프로그램을 만들어 이 시장이 다시 작동할 수 있도록 도와주었고, 그 결과는 성공이었습니다.

은행 대출이 아닌 다른 유형의 대출을 위해서는 연방준비제도가 긴급 권한을 발동해야만 했다는 말씀을 드려야 할 것 같습니다. 은행들에 대해서는 연준이 통상의 재할인 창구를 거쳐 완전히 표준적인 방식으로 대출을 해주었지만 말이지요. 연방준비법Federal Reserve Act 제13조 3항에는, 예외적이고 절박한 상황(기본적으로 긴급 상황)에서는 은행뿐만 아니라 다른 기관들에게도 연준이 대부를 시행할 수 있다는 조항이 있습니다. 1930년대 이래 이번 위기에 이르기까지의 기간 동안 연준이 이 권한을 사용했던 적은 한 번도 없었습니다. 하지만 이번 위기는 서로 다른 금융기관과 서로 다른 시장에서 과거와는 다른 온갖 문제가 불거진 특별한 경우였습니다. 그래서 우리는 이 긴급 권한을 발동하여 여러 다양한 시장의 안정화를 도모하기 위해 활용했습니다.

우리가 무엇을 했는지, 그리고 그것이 어떻게 경제에 도움이 되었는지에 대해 여러분이 쉽게 이해할 수 있도록 하나의 사례 연구를 제시하겠습니다. 여기서 나는 자금시장펀드MMF에 대해 조금 이야기해 보려 합니다. 자금시장펀드는 기본적으로 투자펀드입니다. 여러분은 펀드의 지분을 살 수 있고, 펀드는 여러분의 자금을 수취한 후 단기 유동 자산에 투자합니다. 역사적으로 볼 때, 자금시장펀드의 지분 1주당 가격은 거의 언제나 1달러 수준으로 유지되어 왔습니다. 자금시장펀드는 은행과 무척 비슷하므로, 연기금 같은 기관투자가들이 이 펀드에 자주 투자합니다. 연기금이 현금으로 3천만 달러를 가지고 있다면, 아마도 이 돈을 은행에 예치하려 하지는 않을 것입니다. 왜냐하면 그렇게 큰 예금에 대해서는 예금 보호가 되지 않기 때문입니다. 예금보험이 보호하는 금액에는 한도가 있게 마련이니까요.

따라서 연기금은 자신의 현금을 은행에 맡기기보다는 자금시장펀드에 맡기고자 할 것입니다. 자금시장펀드는 이렇게 수취한 매 1달러에 대해 원금 1달러를 되돌려주는 것은 물론이고 거기에 약간의 이자까지 덤으로 지급하겠다고 약속합니다. 한편, 자금시장펀드는 자금을 안전한 단기 유동 자산에 투자합니다. 그러므로 기관투자가로서는 자금시장펀드에 투자하는 것이 상당히 괜찮은 현금 관리 방식이 되는 것이지요.

이미 말씀드린 대로, 자금시장펀드의 지분에는 예금보험이 적용되지 않습니다. 하지만 이 펀드에 자금을 맡기는 투자자들은 투자 원금을 언제든지 온전히 꺼내갈 수 있을 것으로 기대합니다. 기본적으로, 펀드 지분을 은행 계좌처럼 여긴다는 것이지요. 한편, 자금시장펀드도 어디엔가 자금을 투자해야만 하겠는데, 대개는 기업 어음과 같은 단기 자산에 투자하는 경향이 있습니다. 기업어음이란 일반적으로 기업이 발행하는 일종의 단기 채무 증권입니다. 만기가 90일 이하이기 때문에 단기 증권인 것이지요. 비금융회사도 기업어음을 발행할 수 있습니다. 급여를 지급한다거나 재고 비용을 충당하기 위해 단기자금이 필요한 경우, 기업어음을 발행하면 현금 흐름의 관리가 가능해지거든요. 따라서 GM이나 캐터필러 같은 일반 제조업체들은 일상적인 영업 관리를 위한 자금을 기업어음 발행을 통해 조달합니다. 은행을 포함한 금융회사들도 기업어음을 발행하고자 할 것입니다. 기업어음 발행을 통해 조달된 자금으로 유동성 포지션을 관리할 수도 있고 민간부문에 대부해줄 수도 있으니까요. 그림 25는 자금시장펀드의 작동 방식을 보여주는 그림입니다. 그림의 왼쪽 부분은 투자자들이 자신의 여유 현금을 자금시장펀드에 투자하는 것을 보여줍니다. 자금시장펀드는 이 자금으로 기업어음을 매입합니다. 기업어음은 제조업체와 같은 비금융회사이든 자금을 다른 차입자에 대부하려는 금융회사이든 상관없이, 이들 기업어음의 발행자들에게는 하나의 자금 조달 원천이 됩니다.

2008년 위기 동안 이와 같은 자금시장펀드의 작동 장치에 어떤 일이 생겼을까요? 리먼브러더스는 거대한 충격파를 일으켰습니다. 리먼은 투자은행이자 글로벌 금융 서비스 회사였지만 은행이 아니었기에 연방준비제도의 감독을 받지는 않았습니다. 또한 리먼은 막대한 양의 증권을 보유했고 증권시장에서 활발하게 사업을 영위했지만, 상업은행이 아니었기에 예금을 받을 수는 없었습니다. 대신, 필요한 자금은 기업어음 시장을 포함하는 단기자금 시장을 통해 조달했습니다. 리먼은 2000년대 들어와 주택담보대출 관련 증권은 물론 상업용 부동산에도 거액을 투자했습니다. 주택 가

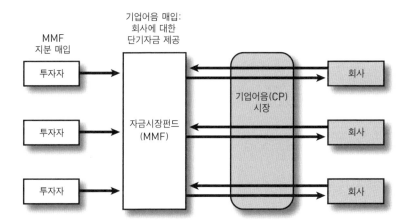

그림 25. 자금시장펀드(MMF)와 기업어음(CP) 시장

격이 떨어지고 주택담보대출에 대한 연체가 증가하자 리먼의 재무
상황은 악화되었고, 리먼은 상업용 부동산 투자에서도 커다란 손
실을 보고 있었습니다. 이에 따라, 리먼은 점점 더 지급불능 상태에
빠져들고 있었습니다. 모든 투자 사업에서 손실을 보고 있었고 자
금 압박이 커지고 있었던 것이지요. 급기야, 신뢰를 잃어버린 리먼
의 채권자들이 실제로 자금을 빼내기 시작했습니다. 예를 들어 투
자자들은 리먼이 발행한 기업어음의 차환을* 거부했고, 다른 사업
파트너들은 리먼에게 다음과 같은 반응을 보였지요. "글쎄요, 우리

---

*차환이란, 증권을 새로 발행하여 조달한 자금으로 이미 발행되어 만기가 도래한 증권
을 상환하는 것을 가리킨다.

가 보기엔 귀사가 다음 주까지 견딜 수나 있을지 모르겠네요. 이런 마당에 우리가 귀사와 더 이상 거래하기는 어렵겠습니다." 상황이 이렇게 진행되자, 리먼의 손실은 확대되었고 자금조달이 점점 더 어려워졌습니다. 리먼브러더스는 연방준비제도와 재무부의 도움을 받아, 자신에게 자본을 추가 투입하고자 하거나 자신을 인수하고자 하는 누군가를 찾아보려 했으나 허사였습니다. 결국 전에 말씀드린 것처럼, 리먼은 9월 15일 파산을 신청했습니다. 이 사건은 글로벌 금융시스템 전체를 뒤흔든 엄청난 충격이었습니다.

리먼브러더스의 파산은 경제에 다양한 영향을 미쳤고, 자금시장펀드도 그런 영향을 받았습니다. 다른 자산들과 함께 리먼이 발행한 기업어음을 보유하고 있던 꽤 큰 규모의 한 자금시장펀드가 있었습니다.* 리먼이 파산하자 그 기업어음은 휴지 조각이 되었거나 아니면 적어도 상당한 기간 동안 유동성을 완전히 상실하게 되었습니다. 이로 인해, 이 자금시장펀드가 투자자들에게 1주당 1달러를 더 이상 돌려주지 못하는 상황이 갑자기 발생했습니다. 실제로 이 펀드는 투자자들에게 투자 자금을 제대로 돌려주지 않았고 그로 인해 펀드는 손실을 입었습니다. 이제, 여러분이 어떤 자금시장펀드에 투자한다고 합시다. 그리고 환매 요청을 하면 언제든 투자 원금을 되돌려 받을 수 있는 것으로 알고 있다고 합시다. 그런데 이 펀드가 투자자 모두에게 투자 원금을 그대로 되돌려줄 수 있

---

* 구체적으로, 이 자금시장펀드는 Reserve Primary Fund였다.

을 만큼 충분한 현금을 보유하고 있지 않다는 사실을 여러분이 알 게 된다면, 어떻게 하시겠어요? 거래 은행이 손실을 입었다는 소식을 듣고 19세기의 은행 예금주들이 했을 행동과 같은 행동을 여러분도 하게 되지 않을까요? 실제로 투자자들은 우선 문제의 펀드로부터 자신이 맡겼던 자금을 빼내기 시작했지만, 이들의 자금 인출은 곧 다른 자금시장펀드로도 번졌습니다. 이는 표준적 뱅크런과 꼭 마찬가지였습니다. 아주 격렬한 뱅크런이, 아니 이 경우엔 자금시장펀드런이 있었다고 해야 하겠네요. 여기서 펀드런이란 펀드 투자자들이 가능한 한 신속히 자신의 자금을 인출하기 시작하는 대량 환매 사태를 의미합니다.

연방준비제도와 재무부는 이런 상황에 매우 신속하게 대응했습니다. 재무부는 한시적 지급보증을 제공했습니다. 그 덕분에, 투자자들은 당장 인출하지 않더라도 원금을 고스란히 되찾을 수 있다는 보장을 받게 된 것이지요. 또한, 연준은 유동성 보강 프로그램backstop liquidity program을 신설했습니다. 이 프로그램은, 먼저 연준이 은행들에게 자금을 대부하면 이번에는 은행들이 그 자금을 활용해서 자금시장펀드의 자산을 매입하도록 하는 구조였습니다. 그 덕분에, 자금시장펀드는 투자자들의 환매 요구에 부응하기 위해 요구되는 유동성을 확보할 수 있었습니다. 이 프로그램이 패닉의 진정에도 도움이 되었고요.

당시 상황이 어떠했는지에 관한 여러분의 이해를 돕기 위해 그림 26은 자금시장펀드에서 빠져나간 자금 유출액 규모를 1일 단

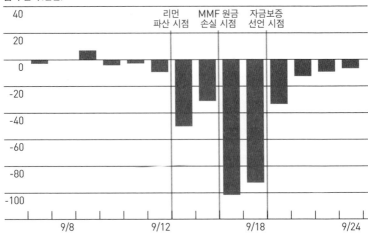

십억 달러(일별)

그림 26. 미국 프라임 MMF*로의 자금 순유입, 2008년 9월 7~24일
자료: iMoneyNet의 자료를 연방준비제도이사회 스태프가 수정하여 작성

위로 보여주고 있습니다. 참고로, 자금시장펀드의 산업 전체 외형은 2조 달러에 달합니다. 그림에는 리먼의 파산 시점이 표시되어 있습니다. 이후 이틀 만에 자금시장펀드는 순자산 가치가 주당 1달러를 밑돌게 됩니다. 이는 투자자들에게 주당 투자 원금에 해당하는 1달러를 지급할 수 없게 되었다는 뜻입니다. 그와 같은 원금 손실이 공표된 이후 이틀 사이에 일평균 약 천억 달러가 이들 펀드로부터 유출되었습니다. 그 이틀이 채 지나기 전에 재무부는 지급보

* 프라임 MMF는 투자 포트폴리오의 거의 대부분을 미국 국채로만 운용하는 MMF이다.

증 프로그램을 발표했고 연방준비제도도 펀드에 대한 유동성 지원에 나섰던 것이지요. 그림에서 알 수 있듯이, 이런 신속한 대응 조치 덕분에 펀드에 대한 환매 요청 사태는 매우 빠르게 종료되었습니다. 이 사건이야말로 고전적 뱅크런이 아닐 수 없으며 그런 뱅크런에 대한 고전적 대응이 아닐 수 없습니다. 여기서 고전적 대응이란, 대량의 환매 요청에 봉착한 금융기관이 자신의 투자자에게 현금을 지급할 수 있도록 유동성을 공급하고 지급보증을 제공한 일을 의미합니다. 그와 같은 조치로 펀드런이 성공적으로 진정되었습니다.

하지만 이야기가 이쯤에서 끝난 것은 아닙니다. 왜냐하면 자금시장펀드들은 리먼이 아닌 다른 금융회사들이 발행한 기업어음도 보유하고 있었기 때문입니다. 환매 요청이 빗발치기 시작하자, 이번에는 이들 펀드가 자신이 보유하던 기업어음을 최대한 신속히 투매하기 시작했습니다. 그 결과, 기업어음 시장은 충격에 휩싸였습니다. 이것은 금융위기가 어떻게 사방팔방으로 번져나갈 수 있는지를 보여준 훌륭한 일례였습니다. 리먼이 파산하자, 그로 인해 이번에는 자금시장펀드가 자금인출사태를 겪었고, 이것이 다시 기업어음 시장의 충격으로 연결되었으니까요. 이렇게 보면, 모든 것들이 다른 모든 것들과 연결되어 있기 때문에 시스템 전체를 안정적으로 유지하기란 정말이지 어려운 일입니다. 지금시장펀드가 기업어음 시장에서 자금을 회수해가자 기업어음 시장에서는 금리가 급등했습니다. 대부자들은 기업어음 시장의 차주들에게 하루라면

모를까 그보다 더 긴 만기로는 자금을 대부하려 하지 않았습니다. 그 결과, 차주 금융회사의 정상적 기능수행 능력은 물론 이들의 자체 자금 조달 능력도 악영향을 입었습니다.

이에 연방준비제도는 다시 한 번 특별 프로그램을 마련했습니다. 이는, 배저트가 살아 있었다면 연준에 권했을 법한 방식으로 연준이 대응한 것이었습니다. 기본적으로, 연준이 다음과 같이 말하면서 후선 대부자backstop lender 역할을 자임하고 나선 것이었으니까요. "이 회사들에게 대출해 주세요. 그렇게 해주신다면, 나중에 자금의 차환에 혹시 문제가 생기더라도 우리가 언제든 여러분을 지척에서 지원하기 위해 만반의 준비를 해놓고 있겠습니다." 이렇게 해서 기업어음 시장에서는 신뢰가 회복될 수 있었습니다.

그림 27은 기업어음 이자율을 보여줍니다. 이 그림에서도 금리 급등이라는 패닉 현상을 볼 수 있습니다. 그런데 이 그림에 나타난 금리 급등은 자금 압박의 정도를 실제로는 저평가하고 있습니다. 왜냐하면 금리의 높고 낮음을 떠나 당시 많은 기업들은 어떤 금리 수준에서도 자금 자체를 실제로 조달할 수 없었기 때문입니다. 설령 자금을 조달한 경우가 있었다 해도, 익일물이거나 초단기 자금일 뿐이었습니다. 이런 상황에서 연방준비제도가 취한 조치는 기업어음 시장의 신뢰를 회복시켰습니다. 그림을 보면, 급등한 상태로 계속 치솟던 이자율이 2009년 초부터 다시 크게 떨어지기 시작합니다. 이는 연준의 특별 프로그램 덕분에 신뢰가 회복되면서 시장이 보여준 반응이었습니다.

베이시스 포인트(bp)(5일 이동평균)

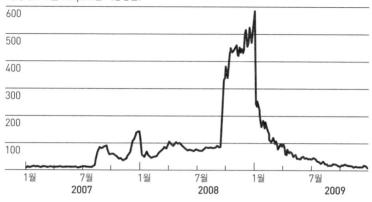

그림 27. 단기 차입 비용, 2007~2009년

주: A2/P2 비금융 이자율과 AA 비금융 이자율 간 스프레드.*
자료: 증권결제원(DTCC: Depository Trust & Clearing Corporation)

오늘 강의에서 내가 논의하고 있는 내용 중 많은 부분에 대해 여러분들이 신문을 통해서는 그다지 많이 섭하시 못했을 것 같습니다. 나는 붕괴 위험에 처한 이들 시장의 문제 해결을 위해 일했고 패닉을 진정시키기 위해 넓은 범위에 걸쳐 금융기관들에게 유동성을 공급했습니다. 하지만 연방준비제도와 재무부는 붕괴 위험

---

* A2/P2 비금융 이자율이란, 단기 신용등급이 A2(Standard & Poor's 기준) 또는 P2(Moody's 기준)이고 장기 신용등급이 A~BBB 범위(Standard & Poor's 기준) 또는 A~Baa 범위(Moody's 기준)에 해당하는 비금융회사가 발행한 기업어음의 만기 수익률이다. 한편 AA 비금융 이자율이란, 단기 신용등급이 A1(Standard & Poor's) 또는 P1(Moody's)이고 장기 신용등급이 AA(Standard & Poor's 기준) 이상 또는 Aa(Moody's 기준) 이상인 비금융회사가 발행한 기업어음의 만기 수익률이다.

에 처한 몇몇 개별 금융기관의 문제 해결을 위해서도 개입해야 했습니다.

이미 말씀드린 대로 2008년 3월 JP모건체이스는 베어스턴스를 인수했습니다. 그 덕분에, 베어스턴스의 파산도 피할 수 있었습니다. 그런데 당시 JP모건체이스의 베어스턴스 인수는 연방준비제도가 실시했던 대출에 의해 촉진되었지요. 우리가 그와 같은 조치를 취한 이유는 첫째, 당시 금융시장이 상당히 경색되어 있었을 뿐 아니라, 베어스턴스의 파산이 경색을 심화시키고 본격적인 금융위기를 유발할지도 모른다고 우려했기 때문이었습니다. 둘째, 베어스턴스에게 지급능력은 있다고 판단했기 때문입니다. 적어도 JP모건체이스는 그렇게 생각했습니다. JP모건체이스는 기꺼이 베어스턴스를 인수하고 채무를 지급보증하려 했거든요. 따라서 연준이 베어스턴스에 자금을 공급한 것은 회수 가능한 대부를 해야 한다는 원칙에 부합하는 것이었습니다.* 연준이 이 대출을 실시한 것은 담보가 확실하다고 생각했기 때문입니다.

연방준비제도와 재무부가 개별 금융기관에 개입했던 두 번째 사례는 AIG입니다. AIG는 2008년 10월 들어 파산 직전 상황까지 갔습니다. 다시 말씀드립니다만 AIG는 세계에서 가장 큰 보험

---

* 본문에서는 연준이 베어스턴스에 자금을 공급한 것으로 표현하지만, 실제로는 당시 JP 모건체이스가 베어스턴스를 합병하기로 계약이 체결된 상태에서 연준이 베어스턴스의 주택담보대출 자산을 담보로 확보하고 290억 달러 규모의 대출을 JP모건체이스에게 실시했다.

회사입니다. 매우 복잡한 회사로, 여러 글로벌 보험회사를 포함해 수많은 구성 부분들을 가진 다국적 금융 서비스 회사였습니다. 그런데 AIG금융상품회사^AIGFP라는 이름을 가진 AIG 내부의 한 사업 부문은 온갖 종류의 이색 파생상품을 비롯한 여러 유형의 금융 활동에 몰두하고 있었고, 여기에는 내가 이미 언급했던 신용보험 상품도 포함되어 있었습니다. AIG금융상품회사는 주택저당증권^MBS 투자자를 대상으로 이런 신용보험 상품을 판매하고 있었지요. 주택저당증권이 부실화되기 시작하자 AIG가 큰 문제에 봉착하게 되리라는 것이 명백해졌습니다. 이에 따라, AIG와 거래 관계에 있던 상대방 회사들이 현금을 요구하거나 AIG에 대한 자금 제공을 거부하기 시작했습니다. 결국, AIG는 커다란 자금 압박을 받게 되었습니다.

AIG가 만약 도산했더라면, 기본적으로 모두가 끝장났으리라는 것이 우리의 판단입니다. AIG는 너무나도 많은 시고 다른 기업들과 거래 관계에 있었기 때문입니다. AIG는 미국 및 유럽의 금융 시스템과 글로벌 은행들에 긴밀하게 연계되어 있었습니다. 우리는 만약 AIG가 파산하면 더 이상 위기를 통제할 수 없을 것이라는 데 대해 상당히 우려하고 있었습니다. 그런데 최종대부자 이론의 관점에서 보면 그나마 다행스런 점이 한 가지 있었습니다. 비록 AIG 금융상품회사가 막대한 손실을 야기한 것은 맞지만 세계에서 가장 큰 보험회사인 AIG가 그런 손실을 받쳐주고 있었다는 점이었지요. AIG는 완벽한 우량 자산을 수없이 많이 가지고 있었습니다. 따라서 AIG가 파산하지 않도록 하는 데 필요한 정도의 유동성은 연준이 충분히 대부할 수 있었습니다. 그만큼 AIG가 담보로 제공할 수 있는 우량 자산이 충분했던 것입니다.

그리하여 우리는 AIG의 도산을 막기 위해, 그 보유 자산을 담보로 활용하는 한편 AIG에 850억 달러에 달하는 대부를 시행하였습니다. 그 이후, 재무부가 AIG 구제를 위한 추가적인 지원을 제공했습니다. 이러한 공적 자금 지원은 상당한 논쟁을 야기했습니다. 우리의 생각으로는, 이런 조치는 무엇보다도 최종대부자 이론의 관점에서 볼 때 정당한 것이었습니다. 왜냐하면 담보를 확보한 상태에서 이루어진 대부였기 때문이지요. 실제로도 연준은 이 대부를 전액 정상적으로 회수한 상태입니다. 둘째, AIG가 글로벌 금융 시스템을 구성하는 매우 중요한 한 요소라는 점 또한 우리의 조치를 정당화하는 근거였습니다. 시간이 경과하면서 AIG는 안정화되었습니다. 연준의 대부에 대해서는 이자를 포함해 모든 상환이 완료되었습니다. 재무부가 여전히 AIG 주식의 다수를 보유하고 있기는 하지만 AIG는 재무부에 대해서도 상환을 해오고 있습니다.*

나는 베어스턴스 및 AIG와 관련해 우리가 해야 했던 일들이 미래 위기의 관리에 무턱대고 적용할 수 있는 처방은 분명 아니라는 점을 강조하고 싶습니다. 먼저, 그것은 상당히 어려웠을 뿐만 아

---

* 2013년 초까지 재무부는 보유하고 있던 AIG 지분 전량을 매각했으며 이를 통해 구제 금융 전액을 회수했다.

니라 여러 가지 면에서 내키지 않았던 개입이었지만, 시스템의 붕괴를 막기 위해서는 어쩔 수 없었습니다. 그렇긴 해도, 몇몇 기업들에게 "대마불사too big to fail"의 논리가 적용되는 시스템이라면 뭔가 근본적으로 잘못된 것임이 분명합니다. 만약 어떤 기업이 너무 커서 자신이 구제 금융의 대상이 되리라는 것을 알고 있다면, 이는 다른 기업들에게는 전혀 공정한 일이 될 수 없습니다. 하지만 이런 점 말고도, "대마불사"의 논리는 이들 대기업에게 과도한 리스크를 추구할 유인을 제공하게 됩니다. 이런 상태에서는 대기업들이 이렇게 말할 것입니다. "우리는 커다란 리스크를 기꺼이 취하고자 합니다. 동전의 앞면이 나오면 우리가 이기고, 뒷면이 나오면 상대가 지는 게임이니까요. 만일 리스크를 취해서 성공하면 우리가 큰돈을 벌게 되고, 실패하더라도 정부가 우리를 구제해줄 테니까 손해 볼 일은 없는 셈이지요." 이런 상황을 우리가 너그럽게 보아 넘길 수는 없는 일입니다.

따라서 2008년 9월 당시 우리의 문제는, 베어스턴스와 AIG 등의 기업들이 시스템의 나머지 부분에 엄청난 피해를 입히지 않는 방식으로 파산할 수 있게끔 하는 어떤 수단도—법률 수단이건 정책 수단이건 그 어느 것도—갖고 있지 않았다는 점에 있었습니다. 그래서 우리는 둘 중 차악을 선택했습니다. AIG의 파산을 막은 것이지요. 하지만, 우리는 이런 일이 다시는 결코 일어나지 않는다는 확신을 갖고자 합니다. 우리는 이제 시스템이 변화했다는 확신을 갖고자 합니다. AIG처럼 시스템상 중요한 대형 기업이 장차 이런 종류의 자금 압박을 겪는 일이 만약 생긴다 해도, 시스템이 변화한 덕분에 우리에게는 그 기업을 파산하도록 놔둘 수 있는 안전한 방법이 있게 될 것이라는 확신 말입니다. 그래서 그런 기업이 실제로 파산할 수 있도록 해야 하고, 자신이 저지른 실책의 결과를 해당 기업의 경영진과 주주 및 채권단이 부담할 수 있도록 해야 합니다. 기업 파산으로 인해 전체 금융시스템에 재앙이 초래되는 일은 없도록 하면서 말이지요.

끝으로 이번 금융위기의 귀결에 대해 몇 가지 말씀을 덧붙이고자 합니다. 우리는 전대미문의 붕괴 사태^{meltdown}를 실제로 막아 냈습니다. 생각해보면, 글로벌 금융시스템 전체가 무너져 내릴 뻔했던 상황을 피한 것입니다. 이는 분명 다행스런 일이었습니다. 하지만 내가, 그리고 연방준비제도가, 확신하고 있던 한 가지 점은 이들 대형 금융회사 몇몇이 파산하면 그로 인해 매우 심각한 파급 효과가 뒤따르게 될 것이라는 사실이었습니다. 심지어는 2008년 9월에도 이렇게 주장하는 분들이 있었습니다. "아니 왜 그 회사들이 그냥 망하게 내버려두지 않나요? 그런 문제를 처리하기 위한 제도가 있잖아요. 법률적인 파산 절차 말입니다. 왜 그들이 파산하도록 내버려두지 않는 건가요?" 우리는 그렇게 하는 것이 적절한 선택이 될 것이라고는 결코 생각하지 않았습니다. 특히 만약 전체 금융시스템이 붕괴되기라도 했다면, 어마어마하게 심각한 결과를 겪었을 테니까요.

비록 우리가 총체적 붕괴를 막아내기는 했지만, 사실은 아주 심각한 파급 효과가 미국 경제뿐만 아니라 글로벌 경제에 여전히 작용하고 있었습니다. 그로 인해, 위기에 연이어 미국 경제와 대부분의 글로벌 경제가 급격한 경기침체에 빠져들었습니다. 비록 위기 자체는 진정되었지만, 미국의 GDP가 5퍼센트 이상 감소했을 정도로 매우 심한 침체였습니다. 850만 명이 일자리를 잃었고 실업률은 10퍼센트에 육박했으니까요.

게다가, 이미 언급한 것처럼 이는 미국만의 상황이 아니었습니다. 미국의 경기침체는 사실 평균에 가까운 편이었습니다. 전 세계 많은 나라들이 훨씬 더 심한 침체를 경험했으며, 특히 국제 교역에 대한 의존도가 높은 나라들이 그랬습니다. 결국, 이것은 글로벌 경기침체였습니다. 이런 모든 일들을 겪게 되자 사람들은 다시 한 번 대공황이 닥칠까봐 두려워했습니다. 이것은 매우 절박한 두려움이었습니다. 하지만, 대공황은 최근의 경기침체보다 훨씬 더 심각했습니다. 이런 점에서 2008년과 2009년 초에 금융 시스템을 안정시킨 강력한 정책 대응이 없었더라면 경제 상황이 이보다 훨씬 더 악화되었을 것이라는 견해가 점점 더 받아들여지고 있다고 생각합니다.

최근의 경기침체와 대공황을 비교하는 몇 가지 지표를 살펴보면서 논의를 마무리 하겠습니다. 먼저, 그림 28은 주식시장의 모습을 보여줍니다. 밝은 선은 대공황 직전에 주식시장이 정점에 도달했던 1929년 8월부터의 주가를 보여줍니다. 진한 선은 2007년 10월부터 시작하여 보다 최근의 주가를 보여줍니다. 각 그래프는 대공황 기간과 보다 최근의 기간 동안 주가가 어떻게 움직여왔는지

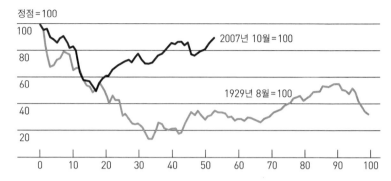

그림 28. 정점 이후 95개월 동안의 S&P 500 종합지수, 1929년과 2007년의 비교*

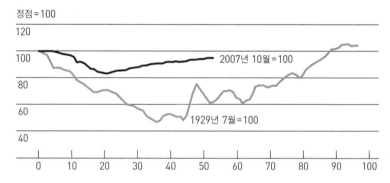

그림 29. 정점 이후 95개월 동안의 산업 생산, 1929년과 2007년의 비교*

자료: 연방준비제도이사회

---

* 원문(pp.87~88)에는 진한 선이 대공황기의 주가(산업생산지수) 움직임을, 밝은 선이 최근 글로벌 위기를 거치는 동안의 주가(산업생산지수) 움직임을 각각 나타낸다고 설명되어 있으나 Figure 28(29)에는 그와는 반대로 그려져 있다. 이 책에서는 Figure 28(29)를 기준으로 원문의 오류를 수정하여 번역했다.

그 추이를 보여줍니다. 눈에 띄는 점은 이번 위기에서 첫 15~16개월 동안 미국의 주가 움직임이 1929~1930년의 주가 움직임과 상당히 비슷했다는 사실입니다. 하지만 최근 위기로 접어든 지 약 15~16개월이 지난 시점에, 즉 금융위기가 안정화되는 시점이던 2009년 초에 어떤 일이 벌어지는지 눈여겨보기 바랍니다. 대공황기에는 주가가 지속적으로 떨어져, 결과적으로는 전에 언급한대로 85퍼센트나 하락했습니다. 이와는 대조적으로, 최근 위기에서는 미국의 주가가 반등한 후 긴 회복이 이어져 현재 주가는 3년 전의 두 배가 넘는 수준이 되었습니다.

그림 29는 산출 지표인 산업생산지수를 보여줍니다. 그림에서 진한 선은 보다 최근의 자료를, 밝은 선은 대공황기의 자료를 각각 나타냅니다. 최근 위기에서는 산업 생산의 감축 폭이 대공황기 만큼 심각하지도 않고 감축 속도도 그만큼 빠르지 않았음을 알 수 있습니다. 여기서도 주가의 움직임과 동일한 기본적 현상을 확인할 수 있습니다. 최근 위기로 접어든 지 약 15~16개월이 지난 시점에, 즉 금융위기가 제어되기 시작한 시점에 산업 생산이 저점을 찍은 이후 꾸준한 회복기가 이어진 반면, 대공황기에는 지수의 하락이 수년간 더 지속되었다는 것이지요.

질문과 대답

학생 이번과 지난 번 두 차례의 강의에서 의장께서는 이색 주택담보대출 상품과 서브프라임 주택담보대출 상품의 공급이 늘었다고 말씀하셨습니다. 왜 금융기관들은 신용이 좋지 않은 차입자들에게까지 대출해주면서 그렇게 큰 리스크를 기꺼이 감수하려 했을까요? 만약 그들이 주택시장에서 가격 하락이 있을 것을 예상했더라도 여전히 그런 대출을 실행했을까요?

버냉키 의장 그렇게 한 데에는 두 가지 이유가 있었습니다. 주택 가격 상승에 대한 금융회사의 믿음이 아마도 지나치게 확고했을 것이라는 사실이 그 첫 번째 이유가 됩니다. 그들은 이렇게 말했지요. "주택 가격은 계속 오를 것 같습니다." 주택 가격이 오르는 세상이라면 그런 서브프라임 주택담보대출이 그렇게 나쁜 금융 상품인 것은 아닙니다. 왜냐하면 사람들은 1년 동안 싼 이자를 감당할 수 있을 것이고 그 이후에는 보다 안정적인 다른 대출로 갈아탈 수 있기 때문입니다. 서브프라임 주택담보대출도 사람들이 주택을 보유할 수 있게 해주는 한 가지 방법이 되는 것이지요. 하지만 그런 대출의 리스크는 주택 가격이 지속적으로 오르기만 하지는 않을 것이라는 데에 있었고, 결국 그런 일이 발생한 것은 물론이지요.

두 번째 이유는 이 기간 중에 유동화 상품에 대한 수요가 크게 증가했던 것에서 찾을 수 있습니다. 국제적으로 우량 자산을 찾아 나선 유럽과 아시아의 대규모 수요가 그런 유동화 상품 수요 증가의 한 부분이었습니다. 또한, 언제나 눈치 빠른 미국 금융회사들은 금융 공학이라는 놀라운 방식을 동원하여 서브프라임 주택담보대출이든 다른 것이든 다양한 종류의 서로 다른 기초자산으로부터 AAA 등급으로 평가될 증권을 적어도 어느 정도만큼은 뽑아낼 수 있다는 것을 알아차렸습니다. AAA 등급 증권을 만들어낸 다음에는 이를 해외의 다른 투자자들에게 팔 수 있으리라는 계산이었지요. 공교롭게도, 이렇게 팔다 보면 남은 후순위 증권을 금융회사가 자체적으로 떠안거나 다른 금융회사에게 파는 경우도 때때로 있었습니다.

이렇게 보면, 금융시장에는 몇몇 트렌드가 있었습니다. 여기에는 자신의 리스크 관리 능력에 대한 금융회사의 과도한 확신과, 주택 가격이 아마 계속 오를 것이라는 믿음이 포함됩니다. 또한, 금융회사가 일단 주택담보대출을 실행하고 나면 그 대출 자산을 다른 누군가에게—다른 투자자에게—매각할 수 있을 것이고 이를 그 투자자도 기꺼이 매입하려 할 것이라는 생각이 널리 퍼져 있었고, "안전 자산safe assets"에 대한 수요가 크기도 했습니다.* 이들 몇 가지 트렌드의 작용으로 주택담보대출 관련 활동은 금융회사에게 실제로 매우 많은 수익을 안겨주었습니다. 적어도 그 활동이 지속되는 동안에는 그러했지요. 그러다가 주택 가격이 하락하기 시작하고 나서야 비로소 그 활동이 큰 손실로 나타났던 것이지요.

---

* 여기서 안전 자산 관련 문장의 내용은 '이른바 안전하다는 AAA 신용등급의 증권이면 무턱대고 안심하고 매입하는 경향도 있었습니다'라는 정도의 의미로 해석할 수 있다.

학생 연방준비제도가 수행해야 했던 중요한 일들 가운데 하나는 어떻게 해야 시장에서 유동성을 다시 회복할 수 있을지 그 방법을 찾아내는 것이었다고 의장께서 말씀하셨습니다. 그런 말씀을 들으며 저는 볼커 룰Volcker Rule을 생각했습니다. 제가 이해하기로는 볼커 룰에 따르면 투자은행의 프랍 트레이딩proprietary trading*은 금지됩니다만, 시장조성자가 시장을 창출하고 유동성을 찾아내는 데에 매우 중요한 프린시펄 트레이딩principal trading**에 관해서는 애매한 부분이 남아있는 것 같습니다. 이 점에 대해서는 의장께서 어떻게 생각하시는지 궁금합니다. 다소 직관에 반하는 것처럼 보이지 않는가요?

버냉키 의장 볼커 룰은 도드-프랭크Dodd-Frank 금융규제 개혁의 일부분으로, 연준을 비롯한 다른 관련 기관들에게 그 룰의 이행이 업무로 부과되어 있습니다. 학생이 말씀한대로, 볼커 룰의 목적은 금융기관의 리스크를 줄이는 것입니다. 이를 위해 은행 및 그 계열회사의 프랍 트레이딩을 금지하는 것이지요. 여기서 프랍 트레이딩이란 자기계정 자금을 이용한 단기 매매를 의미합니다.

도드-프랭크 법에서는 은행들이 단기 증권을 인수하고자 하

---

*단기적인 매매 차익 확보를 목적으로 상장 주식이나 채권, 파생금융상품 등에 투자하는 자기 매매 거래로서 대개 차입이 수반된다.

**자기 매매 거래 일반을 지칭하는 것으로서 여기서는 문맥상 특히 고객의 매매 요구가 있을 때 반대 포지션을 취함으로써 유동성을 공급하는 시장 조성자로서의 역할을 위한 거래를 의미한다.

는 데에 정당한 사유가 있음을 인정하고, 그런 사유에 대해서는 일정한 예외를 두고 있습니다. 예를 들어 리스크를 헤징하기 위한 매매가 그런 예외에 포함됩니다. 그런데 한 가지 특별한 예외는 시장 조성을 위한 것, 즉 특정 시장에서 유동성 창출을 위해 중개 기관으로서 수행하는 매매입니다. 이런 매매에는 볼커 룰이 적용되지 않습니다. 이 룰의 이행에 관련된 난제 중 하나는, 시장 조성과 헤징처럼 룰의 적용이 면제되는 정당한 행위를 허용하면서도 프랍 트레이딩을 배제하는 일단의 기준을 어떻게 만들어내야 할지를 해결하는 일입니다. 이것은 매우 어려운 문제로, 우리는 현재 이에 대한 연구를 진행 중입니다. 이와 관련해 우리는 한 가지 룰을 발표했었고 그에 대해 수천 건의 의견을 받은 적이 있었지요. 우리는 이들 의견을 검토하면서 최선의 방법을 찾고 있는 중입니다.

그런데 학생이 제기한 논의의 초점은 시장의 유동성이 중요하다는 점입니다. 위기 동안, 유동성 부족은 거래량 위축이라는 문제뿐만 아니라 그보다 훨씬 더 나쁜 문제를 야기했습니다. 자금줄이 막히는 바람에 보유 자산의 유지가 불가능해진 대형 금융기관을 생각해봅시다.* 이런 금융기관에게는 두 가지 가능성이 남아 있습니다. 한 가지는 필요한 만큼의 자금을 조달할 수 없으므로 도산하는 가능성입니다. 다른 한 가지는 다수 금융기관이 선택했던 전

---

* 예를 들어 단기 증권을 발행해 확보한 자금을 장기 자산매입에 썼다면, 이 장기 자산을 계속 보유하기 위해서는 단기 증권 만기 도래 시 차환발행이 순조롭게 이루어질 필요가 있다.

략으로, 최대한 신속히 보유 자산을 팔아치우는 가능성입니다. 그런데, 실제로 이런 일이 생기면 패닉이 확산됩니다. 예를 들어 상업용 부동산 채권시장이 매수자 우위의 시장이라면,* 이와 같은 자산급매로 인해 가격은 매우 큰 폭으로 떨어지게 될 것입니다. 그렇게되면 해당 채권을 보유한 어떤 금융회사든 재무 상태가 악화될 것이고, 그로 인해 자금 압박이 나타납니다.

나는 지금까지의 논의에서 전염contagion이라는 용어는 사용하지 않았습니다. 전염이란 질병에 관해 이야기할 때처럼 패닉이 옮는 현상입니다. 한 시장에서 다른 시장으로, 한 기관에서 다른 기관으로 공포가 번져가는 것이지요. 전염은 여러 금융패닉에서 중요한 문제였고, 이번 위기에서도 정말 중요했습니다. 자금 압박의 기업 간 확산을 초래하고 문제를 광범위하게 확대시킨 메커니즘 가운데 하나가 전염이었으니까요.

학생 저는 금융위기 기간 중 글로벌 협력에 대해 질문 드리겠습니다. 의장께서는 2008년의 G7 회의에 대해 말씀하셨지요. 구체적으로, 다국적기업들이 파산 직전 상태로 내몰리기 시작하는 것을 우리가 봤습니다만, AIG에 대한 이를테면 구제 금융 결정이 논쟁거리로 떠오르던 당시에 국제사회로부터는 어떤 압력이 있었는지요?

---

* 상업용 부동산 채권시장이란 상업용 MBS시장을 가리킨다. 한편 본문의 "매수자 우위의 시장"은 원문(p.91)의 오류를 바로 잡아 번역한 것이다. 원문에는 '매도자 우위의 거대 시장'을 의미하는 "a huge seller's market"으로 잘못 나와 있다.

버냉키 의장 글쎄요, 어떤 실질적인 압력도 없었던 것 같습니다. 모든 일들이 아주 급속히 진행되었습니다. 원했던 만큼 협력이 잘 이루어지지 않은 한 분야를 꼽는다면 다국적기업들의 처리 건이었다고 생각됩니다. 예를 들어 리먼브러더스의 파산을 놓고 영국과 미국 사이에 문제가 있었습니다. 리먼 채권단의 일부에게는 일관성 부족으로 문제가 야기되기도 했습니다.

그래서 우리가 도드-프랭크 금융개혁법에 따라 이루고자 하는 일 중 하나는, 앞에서도 말씀드렸다시피, 대형 금융회사가 안전하게* 파산할 수 있게끔 하는 조항을 만들어 내는 것입니다. 그런데 한 가지 복잡한 문제는 이런 조항의 적용을 받게 될 기업들 다수가 다국적기업이라는 점입니다. 이들 가운데에는 그저 두세 나라에서 운영되는 다국적기업도 있겠지만 어쩌면 수십 개 국가에서 활동하는 다국적기업도 있을 것입니다. 그런 점 때문에 우리는 대형 다국적기업이 가능한 한 안전하게 파산할 수 있도록 하기 위해서는 어떤 방식으로 함께 노력해야 하는지를 파악하고자 다른 나라들과 협력하고 있습니다. 위기 동안 우리가 협력한 방식은 대개 임시방편적인 것이었습니다. 우리는 영국을 비롯한 다른 나라들의 규제 기관과 접촉해 왔습니다. 하지만 정해진 시간일정에 쫓겼고 준비도 부족했습니다. 준비 기간이 조금 더 있었더라면 우리는 더 많은 것을 해낼 수 있었을 텐데 말입니다. 그런 문제가 국제 협력

---

* 여기서 "안전하게"란 '거시경제에 미치는 부작용을 최소화하면서'의 의미이다.

에서 한 가지 취약점으로 생각됩니다.

그렇지만 대체로 각국은 자국에 본사를 둔 금융기관을 처리하는 방식으로 협력했습니다. AIG는 미국 회사라 우리가 처리했고, 덱시아는 유럽 회사라 유럽인들이 처리했다는 것이지요. 또한 중앙은행들 사이에 많은 협력이 있었습니다. 유럽의 은행들 다수가 유로화 자금이 아닌 달러화 자금을 필요로 했습니다. 이들이 달러화 자금을 사용하는 이유는, 달러화 표시 자산을 보유하고 있는 데에다, 무역거래를 지원하기 위한 대출을 시행하는데 그 대출이 대개 달러화 자금이기 때문입니다. 그래서 달러가 필요했던 것이지요. 유럽중앙은행이 달러화를 제공할 수는 없습니다. 그래서 우리가 이른바 통화스왑을 한 것입니다. 스왑을 통해 우리는 유럽중앙은행에 달러화를 제공하고 대신 유로화를 받아왔습니다. 유럽중앙은행은 우리가 제공한 달러를 자신의 책임 하에 다시 유럽 은행들에게 대출했습니다. 이렇게 해서 전 세계의 달러화 자금 압박이 완화될 수 있었습니다. 그러므로 이들 통화스왑은 국제 공조의 중요한 사례였으며, 유럽의 최근 문제로* 인해 여전히 유효한 상태로 유지되고 있습니다. 또한 위기가 격화되고 있던 바로 그 시기인 2008년 10월에는 연준 및 다른 5개 중앙은행이 같은 날 금리 인하를 발표하기도 했습니다. 우리는 이렇게 통화정책까지도 조율했던 것이지요. 다국적기업과 같이 훨씬 더 많은 준비가 필요했던 영역도 있었습니다만, 우리는 그런 문제들의 해결을 위해 오늘도 지속적으로 협력하고 있습니다.

학생 은행들이 활용해온 부외기구에 대해 상세히 설명해주실 수 있으신지요? 아울러, 이들 기구의 활동에 관해 그렇게 많은 정보를 은행들이 부외로 처리할 수 있도록 허용된 이유에 대해서도 상세히 설명해주십시오.

버냉키 의장 그 문제는 기본적으로 회계기준과 관련되어 있습니다. 별도 법인이 신설된다고 합시다. 특정 은행이 이 신설 기구에 상당한 이해관계를 가지고 있을 수도 있습니다. 예를 들어, 부분적 소유권을 가지고 있을 수도 있겠습니다. 상황이 악화되면 신용 지원을 제공하겠다거나 현금이 부족하면 유동성 지원을 제공하겠다는 약정을 체결해놓고 있을 수도 있겠지요. 다만 그 당시 적용되던 원칙 하에서는, 은행이 부외기구에 대해 갖는 통제권의 크기가 충분히 제한적인 경우 회계기준에 따라 해당 은행이 해당 부외기구를 별도로 분리된 조직으로 간주하고 은행 자신의 대차대조표에는 기재하지 않아도 되었습니다. 이로 인해 은행들은 예를 들어 자기지본을 다소 덜 쌓더라도 무방하게 되었습니다.** 만약 부외기구를 통해 보유하는 자산 모두를 자신의 대차대조표에 직접 표시해야 했다면 은행들은 자기자본을 그보다 더 많이 쌓아야 했을 것입니다.

---

* 유로존 위기를 가리킨다.

**여기서는 문맥 상, 원문(p.93)의 "capital reserves"를 '자본 준비금'이라기보다는 위험 가중 자산의 크기를 감안한 '필요 자기자본'의 의미로 받아들여 번역했다. 한편, '자본 준비금'이란 주식발행 초과금과 감자차익 등으로 구성되는 한정적 의미의 회계용어이다.

위기 이후 있었던 여러 긍정적인 변화 가운데 한 가지는 이와 같은 회계기준에 대한 재검토가 있었고 그리하여 위기 이전에 존재했던 부외기구들 가운데 다수가 더 이상은 존재할 수 없게 된 점입니다. 그런 부외기구들은 결합재무제표로 통합되어야 할 것입니다. 이는 부외기구가 은행 대차대조표의 일부분으로 편입되어야 할 것이라는 의미입니다. 그리고 이에 상응하는 필요 자기자본을 갖추어야 할 것이라는 등의 의미이기도 합니다. 그러니까 부외 활동 자체가 완전히 사라지거나 한 것은 아니지만 회계기준을 크게 강화함으로써 은행이 분리된 투자 기구를 통해 어떤 경제적 거래를 부외 처리할 수 있는 상황과 조건을 엄격히 제한하게 되었다는 말씀입니다.

학생 의장께서는 2008년에 자금압박에 처했던 몇몇 대형 회사들에 대해 언급하셨습니다. 또한, 말하자면 연방준비제도의 원칙이었다고도 부를 수 있는 "대마불사"에 대해서도 말씀하셨습니다. 의장께서는 은행을 구제할지 아니면 파산을 허용할지를 어떤 기준으로 구분하시는지요? 그 기준은 자의적인가요? 아니면 연준이 준수하는 방법론 같은 것이 있는지요?

버냉키 의장 좋은 질문입니다. 첫째, 나는 원칙doctrine이라는 단어에는 거부감이 있습니다. 글로벌 금융위기라는 맥락 속에서 그 커다란 기업들을 파산하도록 내버려 둘 수는 없었습니다. 그것은 당시 우리가 기업의 규모와 복잡성, 상호 연계성 등에 기초하여 내린 판단이었습니다만, 우리는 그런 판단이 공정하다고 생각한 적이 없습니다. 다시 말씀드립니다만, 금융개혁의 주요 목표 가운데 한 가지는 "대마불사"를 제거하는 것입니다. 왜냐하면 대마불사는 시스템에 해악적이기 때문입니다. 그것은 기업들에게도 좋지 않습니다. 대마불사에는 여러 가지 측면에서 불공정성이 내포되어 있습니다. "대마불사"를 없애는 것이야말로 위대한 성취가 될 것입니다. 그런 이유로 우리는 결코 대마불사를 옹호하거나 지지하지 않았습니다. 다만 우리는 여러 다른 선택 가운데 그나마 가장 덜 나쁜 대안을 어쩔 수 없이 선택해야 하는 처지에 있었던 것뿐입니다.

위기 동안 우리는 개별 사례별로 일일이 판단을 내려야 했고, 가능한 한 보수적 입장을 취했습니다. AIG의 경우에는 사실 의심의 여지가 별로 없었습니다. 가능하기만 하다면 적극적인 행동이 필요한 하나의 사례였습니다. 리먼브러더스는 그 자체로만 보면 아마도 대마불사 식의 접근이 필요했을지도 모르겠습니다. 리먼의 파산이 글로벌 금융시스템에 엄청나게 부정적인 영향을 실제로 미쳤다는 의미에서 하는 말씀입니다. 하지만 우리로서는 어찌할 도리가 없었습니다. 왜냐하면 회사가 사실상 지급불능 상태였기 때문입니다. 연준으로부터 차입하기에는 리먼의 담보가 충분치 않았습니다. 지급능력이 부족한 회사에 우리가 무턱대고 자본을 제공할 수는 없는 일이지요. 재무부는 TARP, 즉 부실자산 구제 프로그램Troubled Asset Relief Program이 제공하는 자본을 이용할 수 있었지만, 리먼 건은 TARP 프로그램이 나오기 전의 일이었습니다. 그러므로 우리에게는 리먼브러더스를 구제할 수 있는 합법적 방도가 없었습니다. 당시 우리가 리먼의 파산을 피할 수 있었더라면 그렇게 했을 것으로 나는 생각합니다. 우리가 개입한 두 가지 사례, 즉 베어스턴스 사례와 AIG 사례에서는 상당히 명확한 판단이 가능했습니다. 회사 자체로만 봐도 그랬을 뿐 아니라 당시 상황으로 봐도 그랬습니다.

흥미롭게도 우리는 위기 이후에 이 이슈에 대해 훨씬 더 골몰해야 했습니다. 왜냐하면 수많은 서로 다른 기준과 규제로 인해 어떤 기업이 갖는 시스템상 중요성의 크기를 연준을 비롯한 규제 기관이 결정해야 하기 때문입니다. 예를 들어 바젤III 자기자본 규제에 따르면 시스템상 가장 중요한 초대형 기업들은 추가자본^{capital} ^{surcharge}을 보유해야 합니다. 시스템상으로 그들만큼 중요하지 않은 기업들보다는 더 많은 자본을 보유해야 한다는 것이지요. 그 과정의 일부분으로서, 국제적인 은행 규제 당국들은 규모, 복잡성, 상호 연계성, 파생금융상품 거래 및 기타 수많은 기준들과 관련해 대형 회사들이 얼마만큼의 자본을 여분으로 더 보유해야 하는지 결정하는 기준을 세우기 위해 함께 협력하고 있습니다. 마찬가지로 연준도 두 은행의 합병 계획을 검토할 때 이제는 합병으로 인해 시스템적으로 보다 위험한 상황이 초래될 수 있는지에 대해 평가해야 합니다. 우리는 열심히 일해 왔고 다양한 기준들을 발표해 왔습니다. 그 기준에는 합병으로 인해 시스템상 중요 금융기관이 만들어지는 것은 아닌지 여부를 알아내기 위해 우리가 검토하는 임계수치도 포함되어 있습니다. 만약 합병이 시스템상 중요한 금융기관을 만들어낸다면 우리는 그런 합병이 일어나도록 허가해서는 안되는 것이지요.

이 이슈를 연구하는 분야에서는 진전이 이루어지고 있습니다. 아직 초보적인 단계이긴 하지만요. 그래도 우리는 아주 진지하게 이 이슈를 검토하고 있습니다. 실제로 연준이 금융안정에 보다 초점을 맞추게 되었으므로, 시스템 및 기업들—시스템에 미치는 잠재적인 리스크 때문에 특별히 주의 깊게 감독되어야 하고 어쩌면 여분의 자본을 더 보유해야 하는 기업들—을 위협하는 리스크 요인을 식별해내기 위해 한 부서의 인력 전체가 다양한 측정 기준과 지표를 연구하고 있습니다.

학생 의장께서 언급하신 취약성 가운데 한 가지는, 신용평가회사가 AAA 등급에 합당한 수준보다 훨씬 더 큰 리스크를 가진 증권에 대해서도 AAA 등급을 부여하고 있었다는 사실입니다. 투자자들이* 좀 더 정확한 신용평가 등급을 찾아내도록 하는 편이 유인 체계 측면에서 보다 바람직해 보입니다. 잘못된 신용평가로 리스크를 더 부담하게 되는 사람은 바로 투자자들이기 때문입니다. 잘못 매겨진 등급이 신용평가 제도 전반에 만연하도록 방치되었다는 점에서, 동 제도 내부의 유인체계에 전반적인 문제가 있었는지요?

---

*질문자는 증권 발행 기업이 아닌 투자자들이 신용평가회사에 등급 평정을 의뢰해야 한다는 생각을 개진하고 있다.

버냉키 의장 그렇습니다. 몇 가지 유인 체계 상의 문제가 있었습니다. 질문한 학생이 그 중 한 가지를 지적했습니다만, 증권 발행자가 신용평가회사를 정해서 평가 수수료를 지급하도록 하지 말고 투자자들이 서로 연대하여 신용평가회사에 평가 수수료를 치르고 해당 증권의 신용도에 대해 가장 정확한 의견을 얻는 것이 투자자의 이해관계에 부합할 것으로 생각할 수 있겠습니다. 위험을 부담하는 사람들은 결국 투자자들이기 때문이지요.

다만 불행히도, 그런 방식이 실제로 현실화되기는 어려울 듯합니다. 왜냐하면, 경제학에서 말하는 무임승차자의 문제 때문입니다. 만약 5인의 투자자가 연대하여 스탠더드앤드푸어스에 수수료를 지불하고 특정 채권에 대한 등급을 평가하게 한다 해도, 이들이 비밀을 완전히 유지하지 못하는 한 다른 누군가가 등급을 알아내 관련 정보를 활용할 수 있다는 것이지요. 5인 컨소시엄의 일원으로 참여해서 비용 부담을 하는 일 없이 말입니다.

신용평가회사의 유인 체계를 개선하기 위해 수수료 지급 체계를 어떻게 재조정할 수 있는가에 대해서는 많은 아이디어들이 있어 왔습니다. 하지만 이것은 쉬운 문제가 아닙니다. 다시 말씀드립니다만, 투자자들이 수수료를 부담하게 하자는 "분명한 해결책"은 제한적으로만 효과가 있기 때문이지요. 투자자들이 집단적으로 비용을 공유하고 획득한 정보를 어떻게든 다른 투자자에게 알려지지 않게 할 수 있을 때에만 효과가 있다는 말씀입니다.

위기의 여파

오늘은 위기의 여파에 대해 말씀드리겠습니다. 지난 제3강에서 내가 다룬 내용은, 2008년 말과 2009년 초의 가장 극심했던 위기 국면에 관한 것이었다고 요약할 수 있습니다. 구체적으로, 미국은 물론이고 다른 선진국에서도 발생했던 금융패닉, 글로벌 금융시스템 전반의 안정성에 대한 위협, 그리고 다른 정책당국들과 협력하는 가운데 연방준비제도가 최종대부자로서 주요 기관 및 시장의 안정화에 도움을 주기 위해 단기 유동성을 제공했다는 사실을 다뤘습니다.

　역사에 대한 검토를 기초로 이제 우리가 도출할 수 있는 결론 중 하나는 연방준비제도의 대응이 임시방편적이고 전례도 없는 일련의 조치들이었기보다는 중앙은행의 역사적 역할—패닉을 진정시키기 위해 최종대부자로서 대출 프로그램을 제공하는 역할—에 매우 부합하는 조치들이었다는 것입니다. 이번 위기는 기관구조

institutional structure가 달랐다는 점에서 과거의 위기들과는 차이가 납니다.* 다시 말해, 위기가 은행과 예금주 사이의 문제에서 비롯된 것이 아니라, 투자은행, 환매조건부매매시장repo markets, 자금시장펀드, 그리고 기업어음 사이의 문제에서 비롯되었다는 것이지요. 그렇지만, 패닉을 저지하기 위해 단기 유동성을 제공한다는 기본 생각은 배저트가 1873년 『롬바드 스트리트Lombard Street』를 저술하면서 마음에 두었던 바로 그 내용이었습니다.

지금까지 나는 연방준비제도의 조치에 초점을 맞춰 논의를 전개해왔습니다만, 연준이 혼자 움직였던 것은 아닙니다. 우리 연준은 국내외의 다른 정책당국들과 긴밀한 조정 하에 움직였습니다. 예를 들어, 의회가 소위 TARP 법안을** 승인한 이후에는 재무부가 참여했습니다. 은행들이 충분한 자기자본을 확보하도록 하는 업무를 재무부가 맡게 되면서, 미국 정부는 다수 은행의 지분을 인수하게 되었습니다. 당시 정부의 은행 지분 참여는 애초부터 일시적인 것이었으므로, 지금은 대부분 원래대로 환원된 상태입니다. 연방예금보험공사도 중요한 역할을 수행했습니다. 구체적으로, 25만 달러의 예금보험 상한이 요구불예금 계정에 대해서는 사실상 무한대

---

* 여기서 '기관구조'는 금융시스템의 기관구조를 가리키며, '기관구조가 달랐다'는 표현은 이번 위기의 촉발 및 확산에 관련된 시장참여자, 금융시장, 금융기관, 금융상품의 각 유형이 과거의 위기에서와는 사뭇 달랐다는 의미이다.

** 'TARP 법안'이란 2008년 10월 3일 제정된 「2008년 비상경제안정화법(The Emergency Economic Stabilization Act of 2008)」을 가리킨다.

로 상향 조정되었습니다. 또한 연방예금보험공사는 시장에서 만기 3년 이내의 회사채를 발행하고자 하는 은행에게 보증도 제공했습니다. 은행들이 장기자금을 조달할 수 있도록 연방예금보험공사가 은행에게서 수수료를 받고 회사채 발행을 보증해주었던 것이지요. 이처럼 연방준비제도는 국내의 다른 기구들과 함께 공동으로 노력했습니다.

우리는 외국 기구들과도 긴밀하게 협력했습니다. 지난 제3강에서 나는 통화스왑에 대해 언급했습니다. 외국 중앙은행과의 통화스왑을 통해 연준은 달러화를 외국 통화와 맞교환하여 지급했습니다. 달러화를 수취한 이들 외국 중앙은행은, 환율 변동 위험을 자체 부담하는 가운데 달러화 조달이 필요한 금융기관에 달러화를 대출해주었습니다. 또한 조정을 통해 위기에 대처하려고 노력하는 가운데 세계 각국의 재무부 장관 및 규제자들과 긴밀한 접촉을 지속하고 있는 것은 물론입니다.

가장 격렬한 단계의 화재를 진압하는 것만으로는 실제로 충분치 않았습니다. 금융 및 은행시스템을 강화하기 위한 지속적인 노력이 있었습니다. 예를 들어, 2009년 봄 다른 은행감독기구들과 협력하는 가운데 연방준비제도는 미국의 19개 대형 은행에 대해 스트레스 테스트 stress tests 를* 주도했습니다. 위기의 가장 격렬한 단계가 지나간 지 얼마 되지 않아 실시된 당시의 스트레스 테스트는 꽤

---

* 스트레스 테스트를 흔히 위기상황분석이라고도 부른다.

성공적인 조치였으며, 내 생각으로는 매우 건설적이었습니다. 주요 은행의 재무 상태가 어떤지를 전례 없는 방식으로 시장에 공개한 것이었으니까요. 이들 스트레스 테스트는 경제 및 금융 여건이 다시 악화된 상태로 돌아간다고 하더라도 우리 은행들이 견뎌낼 수 있다는 사실을 확실히 보여주었습니다. 그 덕분에 투자자들이 커다란 확신을 갖게 되었고, 은행들이 거액의 민간 자본을 조성할 수 있었으며, 위기 동안 지원받은 정부 자본을 민간 자본으로 대체하는 다수의 사례도 생겨나게 되었지요. 스트레스 테스트는 이후에도 지속되고 있습니다. 바로 2주 전에도 연방준비제도는 또 한 차례의 스트레스 테스트를 주도했는데, 이번에는 요구 수준이 매우 높은 테스트였습니다. 미국의 은행들은 2009년 이후에도 거액의 자본을 조성해왔기 때문에 이번 테스트에서 꽤 좋은 성적을 냈습니다. 자기자본을 기준으로, 은행들은 위기 이전에 비해서도 여러모로 더욱 강건해진 상태입니다.

은행들이 다시 완전한 대출 여력을 회복할 수 있도록 하기 위해 이런 조치가 취해지고 있는 것이지요. 여전히 진행 중이긴 합니다만, 금융시스템의 무결성integrity 및 효과성effectiveness을 원상회복시키기 위한 그런 노력이야말로 우리가 좀 더 정상적인 경제 상황으로 돌아갈 수 있도록 해주는 작업의 일부분이라는 사실은 분명합니다.

최종대부자 프로그램에 대해 몇 말씀 드리겠습니다. 이미 어느 정도 상세히 논의한대로, 최종대부자 프로그램은 확실히 효과적이었다고 생각됩니다. 이들 프로그램 덕분에, 다양한 유형의 금융기관에 대한 자금인출사태가 저지되었고 금융시장도 회복되어 순조롭게 작동할 수 있게 되었기 때문이지요. 이들 프로그램은 2008년 가을 처음 설치되었고 2010년 3월까지는 대부분 종료되었습니다. 그런데 이들은 실제로 두 가지의 서로 다른 방식으로 종료되었습니다.

첫째, 일부 프로그램은 그냥 끝이 났습니다. 하지만 다른 프로그램들은 달랐습니다. 금융기관에 유동성을 제공하기 위해 대출하는 과정에서, 연준은 위기 시의 금리, 즉 패닉 금리panic rate보다는 낮지만 평상시보다는 높은 금리를 부과하는 일이 자주 있었습니다. 그런 까닭에, 금융시스템이 안정을 되찾고 금리가 좀 더 정상적인 수준으로 다시 떨어지게 되면서 금융기관들로서는 연준 차입을 계속 유지하는 일이 더 이상 경제적으로 혹은 재무적으로 유리하지 않게 되었습니다. 이런 프로그램은 아주 자연스럽게 서서히 축소되었습니다. 우리가 이들 프로그램을 종결시켜야 할 필요는 없었습니다. 기본적으로, 프로그램 자신이 스스로 사라져버린 것이었으니까요.

최종대부자 프로그램에서 연방준비제도가 부담한 재무 리스크financial risk는 사실상 최소한이었습니다. 내가 설명한대로, 대출의 만기는 대체로 단기였고 담보가 붙는 경우가 대부분이었습니다. 2010년 12월, 우리는 연준이 위기 동안 제공한 21,000건의 대출에 관한 상세한 내용을 빠짐없이 의회에 보고했습니다. 이들 대출 가운데 단 한 건의 연체도 없었고, 모든 개별 대출의 상환이 완료되었습니다. 따라서 납세자들은 이들 대출에서 결국 이득을 본 것이 사실입니다. 프로그램의 목적이 이윤 확보라기보다는 시스템 안정화였지만 말이지요.

이것이 연방준비제도의 최종대부자 활동이었습니다. 이 활동은 금융위기라는 화재를 진압하기 위한 소방 호스였습니다. 그 덕분에 위기가 억제되기는 했으나 미국 및 세계 경제에 대한 충격은 심각했습니다. 경제 회복을 돕기 위한 새로운 조치가 그래서 필요했던 것이지요. 우리는 중앙은행이 보유한 기본적인 정책 수단 두 가지가 최종대부자 정책과 통화정책이라는 사실을 기억하고 있습니다. 이제 그 두 번째 수단인 통화정책을 살펴보기로 합시다. 금융위기가 외상trauma을 남긴 이후, 경제를 다시 위기 이전의 상태로 되돌리기 위해 사용된 주요 수단이 바로 통화정책이었지요.

전통적인 통화정책에는 연방자금금리라는 이름의 익일물 금리에 대한 관리가 수반됩니다. 이 단기 금리를 올리거나 내림으로써 연방준비제도는 다양한 이자율들에 영향을 미칠 수 있습니다. 이것이 다시 소비지출, 주택 구입, 기업의 자본투자 등에 영향을 미치면, 국민경제의 산출물에 대한 수요가 살아나면서 성장세의 회복을 자극하는 데에 도움이 될 수 있습니다.

제도적 측면에 대해 몇 말씀만 드리겠습니다. 통화정책은 워싱턴에서 연 8회 회합하는 연방공개시장위원회FOMC에 의해 수행됩니다. 위기 중에는 연방공개시장위원회가 때때로 화상 회의를 열기도 했습니다. 회의가 열리면, 19명의 위원이 테이블에 둘러앉게 됩니다. 이들 가운데 연방준비제도이사회^{Board of Governors}의 위원 7명은 대통령이 임명하고 상원이 인준한 분들입니다. 또한 12개 연방준비은행의 총재 12명 각각은 해당 지역 준비은행의 이사회가 임명하고 워싱턴의 연준이사회가 인준한 분들입니다. 이렇게 해서 모두 19명의 위원이 테이블에 둘러앉아 다 같이 통화정책 논의에 참여하는 것이지요.

표결해야 할 순간이 되면, 조금 더 복잡한 시스템이 적용됩니다. 어떤 회의에서든 12명의 위원들만 표결에 참여할 수 있습니다. 이들 가운데 연방준비제도이사회의 위원 7명은 회의가 열릴 때마다 상시 표결권을 보유합니다. 뉴욕연방준비은행 총재도 상시 표결권을 갖고 있는데, 표결 시스템이 처음 만들어진 때부터 내내 그러했습니다. 이는 뉴욕이 예나 지금이나 미국의 금융 수도라는 사실과 관계가 있지요. 이제 남아 있는 네 개의 표결권에 대해서는 순환 방식이 적용됩니다. 뉴욕연방준비은행을 제외한 11개 연방준비은행의 총재들 가운데 4명이 표결에 매년 참여하며, 이듬해에는 또 다른 4명의 총재가 표결에 참여합니다. 이렇게 해서, 어떤 회의에서든 또는 어떤 통화정책 결정에서든 표결권은 모두 12개가 행사됩니다. 논의 과정에는 연방공개시장위원회의 전체 구성원 19명 모두가 참여하지만 말이지요.

그림 30은 연방자금금리를 보여줍니다.* 연방자금금리는 단기 금리로서 연방준비제도가 통화정책을 위해 평상시 사용하는 수단입니다. 경기가 2001년의 침체에서 벗어나도록 돕기 위해, 2000

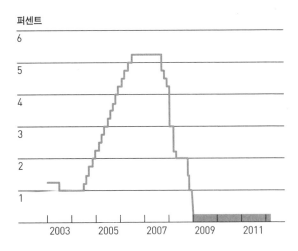

퍼센트

그림 30. 연방자금금리 목표치, 2003~2011년
자료: 연방준비제도이사회

년대 초에 연준은 통화정책을 완화했습니다. 그 이후, 우리는 통화
정책을 정상화하기 위해 연방자금금리를 인상해왔습니다. 그린스
펀 의장의 임기 말과 나의 의장직 취임 초가 이어지던 2006년이 바
로 그 시기에 해당한다는 사실을 여러분은 그림에서 볼 수 있습니
다. 그러나 2007년에 서브프라임 주택담보대출 시장에서 문제가
나타나기 시작하자, 연준은 금리를 인하하기 시작했습니다. 여러분
은 그림의 오른쪽 부분에서 금리가 급격히 인하되었음을 볼 수 있

---

* 엄밀히 말해서, 그림 30은 실제의 연방자금금리가 아니라 연방공개시장위원회가 결정
한 연방자금금리 목표치를 보여주고 있다.

습니다. 그리하여 2008년 12월에는 연방자금금리가 영(0)에서 25 베이시스포인트basis points 사이의 구간으로 인하되었습니다. 1베이시스포인트는 1퍼센트의 100분의 1에 해당합니다. 그러므로 25베이시스포인트란 1퍼센트의 4분의 1을 뜻합니다. 2008년 12월에는 연방자금금리가 기본적으로 영(0)으로 낮아진 것입니다. 더 이상 인하될 수 없음은 분명합니다.

결국 2008년 12월 시점부터는 전통적 통화정책을 쓸 수 없게 되었습니다. 연방자금금리를 더 이상 인하할 수 없게 되었으니까요. 그런데도 경제는 추가 지원을 필요로 하는 상태였음이 분명했습니다. 2009년에 접어들어서도 경제는 여전히 빠른 속도로 위축되고 있었거든요. 우리에게는 회복을 지원할 뭔가 다른 조치가 필요했습니다. 그래서 다소 전통적이지 않은 통화정책에 의존하게 된 것이지요. 우리가 지금까지 사용해오고 있는 그런 주요 수단을 연준 내부에서는 대규모 자산매입Large-Scale Asset Purchases 또는 LSAP 라고 부릅니다. 언론 등에서는 양적완화quantitative easing 또는 QE로 알려져 있는 수단이지요. 이 대규모 자산매입은 경기를 부양하기 위해 통화정책을 완화하는 대안적 방식이었습니다.

이 방식이 어떻게 작동할까요? 장기 금리에 영향을 미치기 위해, 연방준비제도는 대규모 자산매입을 실시하기 시작했습니다. 매입한 자산은 재무부 증권과 정부지원기업이 발행한 주택담보대출 관련 증권이었습니다. 여기서 분명히 말씀드리지만, 연준이 매입해오고 있는 증권은 정부보증 증권입니다. 이들은 재무부 증권 즉 미국 국채이거나, 아니면 패니 및 프레디 증권입니다. 후자는 패니와 프레디가 컨서버터쉽* 하에 들어간 후 미국 정부가 지급을 보증한 증권입니다.

그동안 연방준비제도의 대규모 자산매입은 두 차례 있었습니다.** 하나는 2009년 3월 공표된 자산매입으로 흔히 QE1으로 알려져 있습니다. 또 하나는 2010년 11월 공표된 것으로 QE2라 알려져 있지요. 그 이후, 몇몇 변형된 유형의 자산매입이 추가되기도 했습니다. 여기에는 기존 자산의 만기를 장기화하는 프로그램도 포함됩니다.*** 하지만 자산매입 규모와 연준 대차대조표에 미치는 영향을 기준으로 볼 때 QE1 및 QE2가 가장 큰 규모의 프로그램이었습니다. 이들 자산매입 조치로 연준 대차대조표의 규모는 2조 달러를 초과하는 액수만큼 증가했습니다.****

---

* 컨서버터쉽에 대해서는 이 책, 132쪽의 역자 주(**)를 참조하기 바란다.

** 버냉키 의장의 강연 시점인 2012년 3월을 기준으로 대규모 자산매입은 본문에 언급된 대로 QE1과 QE2의 두 차례뿐이었다. 하지만, 2012년 9월부터는 또 한 차례의 대규모 자산매입 조치에 해당하는 QE3가 시작되어 2014년 2월 현재까지 지속되고 있다. 다만, 2014년 1월부터는 테이퍼링(tapering), 즉 양적완화 축소가 시작되었다. 이에 따라, 자산매입 규모가 기존의 매월 850억 달러에서 2014년 1월에는 750억 달러로, 2월에는 650억 달러로 각각 줄어들었다.

*** 이는, 단기국채를 매각하고 그 대금으로 장기국채를 매입함으로써 연준이 자신의 대차대조표 상에 보유하는 국채의 평균 잔존 만기를 연장하기 위한 조치였던 오퍼레이션 트위스트(Operation Twist)를 가리킨다.

**** 연방준비제도이사회의 웹사이트 자료에 따르면, QE3의 지속으로 연방준비제도의 대차대조표 상 총자산은 계속 늘어나 2013년 12월 중순에 4조 달러를 넘어섰다. 이는 각종 자산매입 조치로 2013년 말 현재 연준 대차대조표의 규모가 3조 달러를 초과하는 액수만큼 증가했음을 의미한다.

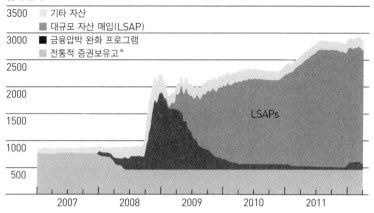

그림 31. 연방준비제도의 대차대조표, 자산, 2007~2011년

* 전통적 증권보유고는 2008년 11월 28일까지의 국채보유고를 반영; 전통적 증권보유고는 2008년 11월 28일 이후 불변으로 유지됨.

자료: 연방준비제도이사회

　　그림 31은 연방준비제도 대차대조표의 자산 측면을 보여줍니다. 이 그림을 보면 대규모 자산매입의 효과를 쉽게 알 수 있습니다. 그림의 최하층은 전통적인 증권보유고를 나타냅니다. 위기가 아닌 보통의 상황 하에서도 연방준비제도가 상당한 액수의 국채를 상시 보유한다는 사실은 아주 분명합니다. 위기가 시작되기 이전에도, 연준은 8천억 달러가 넘는 미국 국채를 갖고 있었으니까요. 미국 국채를 전혀 보유하지 않고 있다가 위기를 맞아 처음 사들이기 시작한 것이 아니라는 말씀입니다. 우리는 상당한 액수의 미국 국채를 늘 보유해왔습니다. 그러므로 그림의 최하층은 우리가 위

기 대응 조치를 시작한 기준선을 보여줍니다.

그림의 분석 기간 동안 연준 대차대조표의 자산 측면에는 그 밖에 어떤 유형의 자산이 나타나 있습니까? 전통적인 증권보유고 바로 위에 있는 어두운 색깔의 부분은 위기 기간 중 연준이 취득한 자산 또는 연준이 실시한 대출을 나타냅니다. 그림을 보면 2008년 말에 연준이 금융기관 및 몇몇 다른 프로그램에 제공한 대출금의 잔액이 매우 급격히 증가했음을 알 수 있습니다. 그렇지만 시간이 경과하면서 2010년 초가 되면 재무적 강건성financial strength을 개선시키기 위한 연준의 조치가 현저히 축소되었다는 사실도 확실히 알 수 있습니다.

그림의 맨 오른쪽을 보면 최근 부풀어 오른 작은 혹이 눈에 띌 것입니다. 이것은 통화스왑입니다. 우리는 유럽중앙은행 및 다른 주요 중앙은행들과 스왑 협정을 체결하고 기간을 연장했습니다. 유럽의 핍박한 상황을 개선하려는 시도에서 스왑 자금을 일부 사용한 결과, 그림의 맨 오른쪽 부분에 작은 혹과 같은 부분이 나타난 것이지요. 다시 말씀드리지만, 위기가 시작될 무렵 우리는 약 8천억 달러의 국채를 보유하고 있었습니다. 그렇지만 여러분도 그림의 "LSAPs"라고 표시된 넓은 영역에서 이런 사실을 확인할 수 있듯이, 우리는 분석 기간 중 2009년 초를 시작으로 이후 약 2조 달러 어치의 새로운 증권을 대차대조표에 추가했습니다. 이제 그림의 최상층에는 보증 준비금security reserves과 유형자산 및 다른 잡다한 항목 등 여러가지를 포괄하는 기타 자산이 나타나 있습니다.

우리가 증권을 대규모로 매입한 이유는 무엇일까요? 그런데 이것은 밀턴 프리드먼과 같은 통화주의자 등이 논의해온 접근입니다. 이 접근의 기본 개념은, 연방준비제도가 국채나 정부지원기업의 증권을 사들여 대차대조표 상에 보유하게 되면 시장에서는 이들 증권의 가용 공급이 줄어들게 된다는 것이지요. 투자자들이 그 증권을 원한다면 낮은 수익률을 어쩔 수 없이 받아들여야 합니다. 이를 달리 표현하면, 시장에 이들 증권의 가용 공급이 줄어들게 되면 투자자들은 증권을 사기 위해 높은 가격—낮은 수익률의 역수—을 기꺼이 지급하려 한다는 것이지요.

우리는 국채를 매입하여 연준의 대차대조표 상에 보유함으로써 국채의 시장 공급을 그만큼 줄였습니다. 그런 방식으로, 우리는 장기 국채 및 정부지원기업 증권의 이자율도 실제로 낮출 수 있었습니다. 그 뿐만이 아닙니다. 시장에 남아 있는 국채 및 정부지원기업 증권의 수량이 점차 줄어들면서, 투자자로서는 이들 증권을 획득하여 자신의 포트폴리오에서 보유하는 일이 더 이상 가능하지 않게 됩니다. 그래서 투자자들은 회사채와 같은 여타 종류의 증권 쪽으로 눈을 돌려 옮겨가도록 부추겨지게 됩니다. 이렇게 되면 회사채 등 증권의 가격은 올라가고 그 수익률은 낮아집니다. 결국 다양한 증권 전반에 걸쳐 수익률이 인하되는데, 이것이 대규모 자산 매입 조치의 순효과입니다. 이제, 낮은 금리는 흔히 그렇듯이 경기 부양 및 진작 효과를 가져오게 되지요.

그러므로 이 조치는 이름은 달랐지만* 실제로는 통화정책이

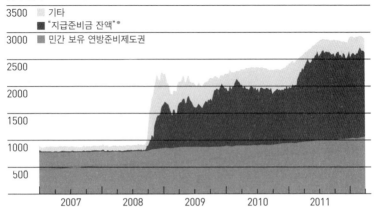

십억 달러

▨ 기타	
■ "지급준비금 잔액"*	
■ 민간 보유 연방준비제도권	

그림 32. 연방준비제도의 대차대조표, 부채 및 자본, 2007~2011년

* 지급준비금 부과 대상 채무: 예금취급기관 보유 정기예금 및 기타예금

자료: 연방준비제도이사회

었습니다. 단기 금리에 초점을 맞추지 않고 장기 금리에 초점을 맞췄다는 점이 다르긴 했지요. 하지만 금리를 낮춰 경기를 진작한다는 기본 논리는 정말이지 통화정책과 똑같습니다.

이런 질문이 떠오를지도 모르겠습니다. "연준이 2조 달러 어치의 증권을 구입하고 있네요. 그 대금은 어떻게 지급하지요?" 이에 대한 대답은, 증권을 매각한 사람들의 은행 계좌 잔액을 연준이 늘려 줌으로써 매입 증권에 대한 대가를 지급한다는 것입니다. 그런

---

* 이는, '대규모 자산매입'이라는 별도의 이름을 갖고 있긴 했지만'의 의미이다.

188

데 그 은행 계좌는 은행이 연준에 예치하는 지급준비금으로 나타 납니다. 연준이 은행을 위한 은행인 것은 그런 이유에서지요. 기본 적으로 은행은 연준에 예금 계좌를 보유할 수 있으며, 이 예금 계 좌를 지급준비금 계좌reserve accounts라고 부릅니다. 연준이 증권을 매입하는 경우 증권 매입 대금을 지급하는 방식은 기본적으로, 은 행들이 연준에 개설하고 있는 계좌에 지급준비금 액수를 늘려주는 것입니다.

그림 32는 연방준비제도 대차대조표의 부채 측면을 보여줍니 다. 자기자본을 포함한 부채와 자산이 서로 일치해야 하는 것은 물 론입니다. 그러므로 여러분이 보시는 바와 같이 부채 측면도 근 3조 달러 수준으로 증가해야 했습니다. 그림에서 우선 최하층부터 살펴 봅시다. 이것은 민간이 보유하는 현금통화, 즉 민간 보유 연방준비 제도권Federal Reserve notes in circulation입니다. 연준이 취득하는 증권의 대금 지급을 위해 돈을 찍어내고 있다는 말씀을 여러분은 때로 든 게 됩니다. 그러나 사실을 글자 그대로 말하자면, 증권을 취득하기 위해 연준이 돈을 찍어내고 있는 것은 아닙니다. 여러분은 이 그림 의 대차대조표를 보면서 그런 사실을 확인할 수 있을 것입니다. 현 금통화를 나타내는 최하층은 기본적으로 편평합니다. 현금통화가 증권 매입 활동에 의해 영향을 받지 않았다는 뜻이지요.

증권 매입 활동에 의해 영향을 받은 부분은 현금통화층 바로 위의 지급준비금 잔액reserve balances 부분입니다. 이것은 연방준비제 도에 개설된 상업은행 보유 계좌입니다. 이 계좌의 잔액은 은행시스템에는 자산이자 연준에게는 부채가 됩니다. 원칙적으로 이 계좌를 통해 우리가 증권 매입 대금을 지급하는 것이지요. 은행시스템은 거액의 지급준비금을 보유합니다. 그런데 이 지급준비금은 연준 대차대조표에 전자적으로 기입되는 항목입니다. 지급준비금은 연준 대차대조표 상에 그대로 적혀 있을 뿐, 실제로 유통되는 것은 아닙니다. 지급준비금은 어떤 광의의 통화량 지표에도 포함되어 있지 않습니다. 지급준비금은 소위 본원통화$^{monetary\ base}$의 일부분이긴 하지만, 현금은 분명 아닙니다. 다음으로 최상층은 기타 부채로서 연준에 개설된 재무부 보유 계좌와 연준의 다양한 다른 활동을 반영하고 있습니다. 우리는 재무부의 재정 대리인으로 활동합니다. 하지만 여러분이 보시는 대로 연준 부채를 구성하는 두 가지 주요 항목은 민간 보유 현금통화와 은행 보유 지급준비금입니다.

그렇다면, 대규모 자산매입^{LSAP} 또는 양적완화^{QE}는 어떤 작용을 하는 것일까요? 우리는 이런 조치를 취하면 금리를* 낮출 수 있을 것으로 예상했고, 그 결과는 대체로 성공적이었습니다. 예를 들어 30년 만기 주택담보대출 금리가 4퍼센트 미만으로 떨어졌는데, 이것은 역사적으로 볼 때 낮은 수준입니다. 그 외에 다양한 다른 이자율들도 하락했습니다. 예를 들어 기업들이 지급해야 하는 회사채 이자율도 떨어졌습니다. 기준이 되는 무위험 수익률** 자체

---

*특히, 장기 금리를 의미한다.

**여기서 무위험 수익률은 국채 수익률을 의미한다.

가 떨어진 것은 물론이고, 회사채 수익률과 국채 수익률 간 스프레드도 줄어들었기 때문입니다. 이는 경제에 대한 금융시장의 자신감 증대를 반영한 결과입니다. 결국, 장기 금리의 하락 덕분에 성장과 회복이 촉진되었습니다. 이것은 나의 시각이기도 하지만 연준의 분석 결과이기도 합니다.

그럼에도, 주택시장에 대한 효과는 우리가 기대했던 것보다 미약했습니다. 우리는 주택담보대출 금리를 정책적으로 매우 낮게 가져갔습니다. 이것이 주택시장을 자극할 것으로 생각할 만합니다. 그런데도 주택시장은 아직 회복되지 않고 있습니다.

연방준비제도에게는 이중 책무가 부과되어 있습니다. 우리는 언제나 두 가지 목적을 갖고 있지요. 그 중 하나는 고용 최대화입니다. 우리는 이 목적을, 경제가 성장을 지속하고 그 생산 능력이 완전히 가동될 수 있도록 한다는 의미로 해석합니다. 이렇게 성장을 자극하고 사람들을 일터로 복귀시키기 위해 노력하는 한 가지 방식이 저금리인 것이지요. 우리 책무의 두 번째 부분은 물가안정 즉 낮은 인플레이션입니다. 우리 연준은 매우 성공적으로 인플레이션을 낮게 유지해왔습니다. 내가 아주 쉽게 그럴 수 있었던 것에는, 특히 볼커 전前 의장의 도움이 컸습니다. 그린스펀 전 의장도 도움이 되었고요. 이 분들 덕분에, 낮은 인플레이션에 대한 연방준비제도의 의지를 일찍이 시장이 믿게 되었고 지난 30년에 걸쳐 연준이 많은 신뢰를 쌓아올 수 있었습니다. 그 결과, 시장은 연준이 인플레이션을 낮은 수준으로 유지할 것이라 확신해왔으며 이에 따라 인플레이션 기대도 낮은 수준에 머물러 있었던 것이지요.* 유가 움직임으로 인한 몇 차례의 등락을 제외하면, 인플레이션은 전반적으로 매우 낮고 안정적이었습니다.

우리가 한편으로는 이렇게 인플레이션을 낮게 유지해왔지만, 그와 동시에 다른 한편으로는 인플레이션이 영(0) 미만으로 떨어지는 일이 없도록 해왔습니다. 특히 2010년 11월에 QE2가 실시되기 시작하던 시기를 전후해서는, 인플레이션이 이미 하락하는 중이라는 우려가 있었습니다. 인플레이션이 정상적인 수준을 크게 밑돌고 있었으므로, 음의 인플레이션 즉 디플레이션으로 빠져들지도 모른다는 우려가 나온 것이지요. 디플레이션은 이미 꽤 여러 해동안 일본 경제에 큰 문제였던 데에다, 나도 대공황의 맥락에서 디플레이션을 논의했습니다. 그러니 우리가 디플레이션을 피하고 싶었던 것은 말할 것도 없었지요. 통화완화는 경제가 지나치게 허약해지는 일이 없도록 확실히 함으로써 디플레이션 위험에 대비하려는 것이기도 했습니다.

대규모 자산매입에 대해 한 가지 더 말씀드리겠습니다. 많은 사람들이 통화정책과 재정정책을 구분하지 않고 있습니다. 재정정책은 연방 정부의 지출 및 과세 수단입니다. 통화정책은 연방준비제도의 이자율 관리와 관련이 있습니다. 이들 두 정책은 매우 다른

---

*시장의 낮은 인플레이션 기대는 글로벌 금융위기 이전의 대완화기 동안은 물론, 금융위기 이후에도 지금까지 계속 유지되어 오고 있다.

수단입니다. 특히 연준이 대규모 자산매입 또는 양적완화 프로그램의 일환으로 자산을 매입하는 경우, 이것이 정부지출의 한 형태인 것은 아닙니다. 우리가 돈을 실제로 써버리는 것이 아니기 때문에, 정부지출이 될 수는 없지요. 우리가 하고 있는 일은 자산을 매입하는 것입니다. 그러므로 우리는 미래의 어떤 시점에서 이들 자산을 시장에 되팔 것이고, 그렇게 해서 애초의 매입가액에 대한 회수가 이루어질 것입니다. 사실 연방준비제도는 보유 증권에 대해 이자를 수취하기 때문에, 이들 대규모 자산매입에서 꽤 괜찮은 이윤을 실제로 얻고 있습니다. 지난 3년에 걸쳐 우리는 약 2천억 달러의 이윤을 재무부로 양도했거든요.* 이 돈은 재정적자를 줄이는 데에 직접 쓰이게 됩니다. 그러므로 연방준비제도의 대규모 자산매입 조치가 재정적자를 확대시키는 것이 아닙니다. 실은, 재정적자를 상당히 줄이고 있는 것이지요.

바로 이런 이유에서, 우리는 단기 금리를 더 이상 낮출 수 있는 여지가 없어지자 대규모 자산매입 즉 양적완화를 통화정책의 주된 수단으로 사용했던 것이었습니다. 자산매입 이외에 우리가 어느 정도 사용해온 다른 한 가지 수단은 통화정책에 관한 커뮤니케이션입니다. 우리가 무엇을 이루려 하는지를 명확히 전달할 수 있다면, 투자자들은 우리의 목적과 계획을 더욱 정확히 이해할 수

---

*어느 나라에서나 중앙은행의 이윤은 궁극적으로 정부 세입으로 귀속되며 중앙은행의 손실에 대해서는 궁극적으로 정부가 보전하는 것이 원칙이다.

있습니다. 그렇게 되면, 통화정책이 더욱 효과적일 수 있지요. 연방준비제도는 통화정책의 투명성을 더욱 높이기 위해 여러 가지 조치를 취해왔습니다. 이는 연준 자신이 달성하려고 하는 바를 사람들이 확실히 이해할 수 있도록 하기 위한 것입니다.

예를 들어, 이틀간의 연방공개시장위원회 회의가 끝나면 나는 기자회견을 열어 통화정책 결정에 관한 질문에 답변합니다. 이와 같은 기자회견은 1년에 네 차례 열립니다.* 이는 우리의 정책이 어떤 것인지 설명하려는 측면에서 연준이 새롭게 시작한 활동입니다.

정책을 좀 더 명확하게 알리려는 과정에서 최근 우리가 취한 또 하나의 조치는, 성명서 공표를** 통해 통화정책에 대한 우리의 기본 접근을 설명하고, 특히 처음으로 물가안정에 관해 숫자로 정의하여 제시한 일이었습니다. 전 세계적으로 많은 중앙은행들이 이미 숫자로 물가안정을 정의해오고 있습니다. 우리는 이 성명서에서 연준의 목적에 맞춰 2퍼센트의 인플레이션을 물가안정으로 정의할 것이라고 진술했습니다. 이에 따라 연준이 성장 및 고용에 관한 목표를 달성하려 하면서도 중기적으로 2퍼센트 인플레이션에

---

* 연방공개시장위원회는 1년에 여덟 차례, 매회 이틀 동안 진행되는 회의를 통해 통화정책을 결정하고 성명서(FOMC statement)를 공표한다. 이 여덟 번의 회의 가운데 네 번은 매 회의 직후, 성명서 공표는 물론 연방공개시장위원회 의장, 즉 연준 의장의 기자회견도 진행된다.

** 연방공개시장위원회는 2012년 1월 25일 통화정책 결정에 관한 성명서를 공표하면서, 그와는 별도로 "장기 목표와 정책 전략에 관한 연방공개시장위원회 성명서"를 공표했다. 본문에서 언급된 성명서는 이 후자를 가리킨다.

도달하려 할 것이라는 사실을 시장은 잘 알게 될 것입니다.

끝으로, 연방준비제도는 우리 경제의 상황에 대한 최근의 인식에 기초해, 미래의 연방자금금리를 어떻게 다루게 될 것으로 스스로 예상하는지에 관한 지침을 투자자 및 일반 국민에게 제공하는 일도 시작했습니다. 경제 상황에 대한 우리의 현재 판단을 기초로, 금리가 향후 어떤 방향으로 움직일 것으로 우리가 생각하는지에 관한 내용을 시장에 알려주는 것이지요. 이렇게 해서 시장이 우리의 계획을 더욱 정확히 이해하게 되면, 금융시장의 불확실성 감소에 도움이 될 것입니다. 나아가 우리의 계획이 시장이 예상한 것보다 어떤 의미에서 좀 더 공격적이라면, 통화 정책의 흐름을 실제로도 완화적으로 가져가는 데에 도움이 될 것입니다.

경기침체기—수축의 정도가 매우 심각했던 기간—는 공식적으로 종료되었습니다. 전미경제연구소[NBER]라는 이름의 위원회가 있는데, 이 위원회가 경기침체의 시작 및 종료 일자를 공식적으로 지정합니다.* 정책 입안자로 일하기 전에 나는 그 위원회의 위원이었습니다. 위원회는 이번 경기침체가 2007년 12월에 시작하여 2009년 6월에 끝난 것으로 결론지었습니다. 꽤 긴 침체였던 셈이지요. 침체가 종료되었다는 위원회의 말이 기본적으로 의미하는 바는 경제 상황이 다시 정상으로 회복되었다는 의미가 아닙니다.

---

* 전미경제연구소(National Bureau of Economic Research)는 미국의 비영리 민간 연구소로, 엄밀하게는 동 연구소 산하의 경기변동기간결정위원회(The Business Cycle Dating Committee)가 경기침체의 시작 및 종료일자를 사후적으로 공식 결정한다.

수축이 멈췄으므로 이젠 경제가 다시 성장하게 됨을 의미할 따름이지요. 이제 우리는 지난 근 3년간 연평균 약 2.5퍼센트로 성장해오고 있습니다. 그렇지만 내가 설명했듯이, 우리는 정상적인 상태로 회복된 것이 아니고 아직도 그로부터 꽤 멀리 떨어져 있습니다. 그러므로 경기가 더 이상 침체에 빠져 있는 것은 아니라고 우리가 말할 때에는 상황이 좋다는 의미가 아닙니다. 실제로 경기가 더 이상 수축하지는 않게 되었으므로 이제 성장하고 있다는 의미일 뿐이지요.

그림 33은 경기가 완만하게 회복되는 모습을 보여주고 있습니다. 그림에서 진한 선은 2007년 이후의 실질 GDP 경로를, 음영 부분은 전미경제연구소의 결정에 따른 경기침체기를, 각각 나타냅니다. 그림을 보면 2007년 12월에 경기침체가 시작되는 것을 알 수 있습니다. 그 때를 시작으로 침체기 내내 실질 GDP가 하락하니까요. 2009년 중반이면, 경기침체는 공식적으로 끝난 상태입니다. 그 이후, 실물경제가 팽창하면서 진한 선이 위쪽으로 뻗어 올라가는 중이라는 점을 그림을 통해 알 수 있습니다.

그렇지만 여러분은 이번 경기회복 속도를 과거의 평균적인 경기회복 속도와 비교한 결과도 그림에서 볼 수 있습니다. 2009년 중반 이후, 경제가 제2차 세계대전 이후 기간의 평균적인 경기회복 속도로 회복되어 왔다고 가정해봅시다. 이렇게 평균 속도를 가정한 경우의 경기회복은 그림에서 밝은 선으로 나타나 있습니다. 여러분은 이번 경기회복이 전후 기간의 평균적인 경기회복에 비해

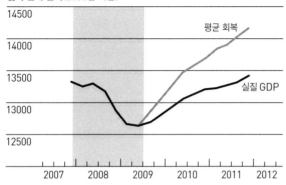

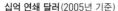

십억 연쇄 달러 (2005년 기준)

그림 33. 실질 GDP, 2007~2012년

주: 수직 음영 부분은 NBER이 지정한 공식 경기침체의 지속 기간을 표시. 평균 회복은 1949년 이후 NBER 지정 공식 저점에 뒤이은 매분기 평균 경제성장률을 이용하여 계산.

자료: 경제분석국(Bureau of Economic Analysis)

더 느리게 진행되고 있음을 알 수 있습니다. 보기에 따라서는 이번 경기회복은 그림에 나타난 것보다도 실제로는 한층 더 나쁜 상황입니다. 이번 경기침체가 제2차 세계대전 이후 기간 중 가장 혹독한 침체였기 때문이지요. 그런 점에서는, 경제가 정상적인 수준으로 되돌아가면서 회복이 좀 더 빠를 것으로 예상하기 쉽습니다. 하지만 성장률을 기준으로 보면, 전후戰後의 다른 경기회복에 비해 이번 경기회복은 그 속도가 실제로 더 느린 것이 사실입니다.

경기회복이 완만하다는 것은 실업률 개선이 매우 저조할 수밖에 없다는 것을 뜻합니다. 그림 34에서, 여러분은 경기침체기 동안 실업률이 급격히 상승했다가 약 10퍼센트 수준에서 정점에 도달한

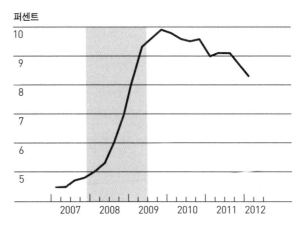

그림 34. 실업률, 2007~2012년

주: 수직 음영 부분은 NBER이 지정한 공식 경기침체의 지속 기간을 표시. 2012년 1분기 실업률은 2월 수치임.

자료: 노동통계국(Bureau of Labor Statistics)

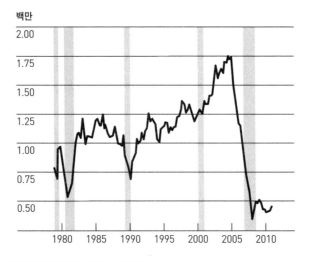

그림 35. 단독주택 착공 건수, 1979~2011년

주: 수직 음영 부분은 NBER이 지정한 공식 경기침체 기간을 표시.

자료: 인구조사국(Census Bureau)

이후 차차 하락하여 현재의 수치인 약 8.3퍼센트에 도달했음을 알수 있습니다. 이 정도의 실업률이라면 아직도 꽤 높은 수준입니다. 그림 35는 단독주택 착공 건수를 보여줍니다. 내가 논의한 대로, 심지어 경기침체가 시작되기 이전에도 주택 착공 건수는 급락했습니다. 이것이 경기침체를 유발하는 기폭제가 된 것은 물론입니다. 또한 그림을 보면 주택 건설이 얼마나 급격히 감소했는지 알 수 있습니다. 가장 최근의 1~2년을 살펴보면 몇몇 작은 파동이 있었지만 주택시장은 아직 정상으로 돌아오지 않았습니다.

이번 경기회복이 정상적인 다른 경우에 비해 이제껏 지지부진했던 이유가 무엇인지를 묻는 질문에 대한 한 가지 답이 바로 이것입니다. 말할 것도 없이, 주택시장이 그 한 가지 이유가 된다는 것이지요. 보통의 경기회복에서는 주택시장이 정상으로 돌아옵니다. 이는 경기회복 과정의 중요한 일부분이 됩니다. 왜냐하면, 주택시장이 정상화되면서 건설 근로자가 다시 일터로 복귀하고 기구 및 가전제품과 같은 관련 산업이 팽창하기 시작하기 때문이지요. 그런데 이번 경기회복에서는 아직 이런 일이 생기지 않고 있습니다. 왜 그런 것일까요?

이는, 좀 더 강건한 회복을 막는 구조적 요인이 아직도 주택시장에 많이 남아 있기 때문입니다. 공급 측면에서는 주택 공급이 상당한 정도로 과잉인 상태가 여전히 지속되고 있어서 공실률이 높습니다. 그림 36은 미국 내 단독주택 공실률을 보여줍니다. 여기서, 차압된 주택이거나 판매자가 구매자를 찾지 못한 주택과 같은 것

전체 단독주택 대비 공실 단독주택 비율(퍼센트, 분기)

그림 36. 단독주택 공실률, 1980~2010년
주: 수직 음영 부문은 NBER이 지정한 공식 경기침체 지속 기간을 표시.
자료: 인구조사국(Census Bureau)

들이 비어 있는 주택에 포함됩니다. 그림을 보면 경기침체기 동안 공실률이 2.5퍼센트를 초과한 수준에서 정점에 도달했다는 사실을 알 수 있습니다. 침체기 이후 공실률이 약간 떨어지긴 했지만 아직도 평상시의 수준을 크게 상회하고 있습니다. 시장에 주택매물이 대량으로 나와 있기 때문에, 과잉 공급과 주택 가격 하락이 초래되는 것이지요.

수요 측면에서는, 주택을 구입할 만해진 것이 사실이므로 이제는 많은 사람들이 주택을 구입하고자 할 것으로 여러분은 생각할지도 모릅니다. 주택 가격이 많이 내렸고, 주택담보대출 금리도 낮아졌으니까요. 그러므로 여러분이 만약 주택을 구입할만한 능력

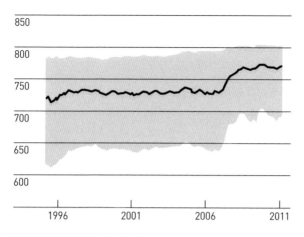

그림 37. 신규 주택담보대출 차입자의 신용평점, 1995~2011년

주: 음영 부분은 열 번째 백분위수에서 아흔 번째 백분위수에 이르는 영역을 표시. 음영 부분 내부의 곡선은 중앙값을 표시.

자료: LPS Applied Analytics

만 갖추고 있다면, 몇 년 전에 비해 요즘엔 여러분이 내는 월부금으로 꽤 여러 채의 주택을 장만할 수 있습니다. 그런데 여러분이 그런 좋은 월부금 조건을 누릴 수 있으려면 무엇보다도 주택담보대출부터 받아야 합니다. 그림 37은 주택담보대출 시장에서 어떤 일이 벌어지고 있는지를 보여줍니다. 음영 부분 하단의 선은 주택담보대출을 받은 사람들의 신용 평점 중 열 번째 백분위수를, 음영 부문 상단의 선은 그 신용 평점 중 아흔 번째 백분위수를, 각각 보여줍니다.* 여러분은 그림에서 위기 이전에는 비교적 낮은 신용 평점을 받은 사람들도 주택담보대출을 얻을 수 있었지만, 위기 이후에는 음영 부분의 아래쪽이 통째로 잘려 나갔다는 사실을 알 수 있습니다. 그 의미는, 위기 이후 상대적으로 낮은 신용 평점―700점이면 아주 형편없는 점수는 아니거든요―을 받은 사람들은 주택담보대출을 얻을 수 없게 되었다는 것이지요. 일반적으로, 주택담보대출을 얻기 위한 조건이 훨씬 더 까다로워졌습니다. 바로 이런 이유로, 많은 사람들이 주택담보대출을 얻지 못하고 있습니다. 가격면에서 주택이 꽤 장만할 만해졌고 금리 면에서도 월부금을 감당할 만해졌지만 말이지요.

결국, 주택시장에 공급과잉이 대량으로 존재하고 많은 사람들이 주택담보신용mortgage credit을 얻지 못하거나 다시 주택시장에 들어서기를 꺼려하는 가운데, 주택 가격은 그림 38이 보여주듯이 계속 하락해왔습니다. 최근 주택 가격 하락세가 다소 진정되기도 했으나 아직까지 하락세 반등의 증거는 그리 많지 않습니다. 주택 가격의 하락세는 신규 주택 건설의 이윤 전망이 밝지 않다는 것을 의미합니다. 그래서 주택 건설이 매우 취약한 상태로 남아 있는 것이지요. 좀 더 넓게 생각해봅시다. 기존 주택 소유주가 자신이 살고 있는 주택의 가격 하락을 경험하는 경우, 이는 그 주택에 대한 후순위 추가 담보를 통해서는 자금을 더 빌릴 수 없게 되었거나 혹은 이분들이 그저 가난해졌다고 느끼게 되는 것을 의미합니다. 그러므로 주택 가격 하락은 주택 소유주들의 주택 관련 행동뿐만 아

---

* 열 번째 백분위수와 아흔 번째 백분위수는 신용 평점 분포에서 각각 하위 10퍼센트와 90퍼센트에 해당하는 수준이다.

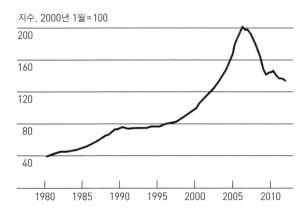

지수, 2000년 1월=100

그림 38. 기존 단독주택 가격, 1980~2012년

주: 매입거래만 포함.

자료: CoreLogic

니라 다른 기업 서비스의 구매 의사 및 능력에도 영향을 미칩니다. 주택 가격 하락은 소비자들의 지출 태도가 신중해지고 지출 의사 가 줄어들게 된 데 대한 부분적인 이유가 됩니다. 아울러 주가 하 락도 어느 정도 부분적인 이유가 됩니다.

　이번 위기 및 경기침체의 주된 요인은 주택부문에 있었습니 다. 다른 하나의 주된 요인은 금융위기와 그것이 신용시장에 미친 영향입니다. 이는 그동안 경기회복이 우리가 기대했을 법한 수준 보다 다소 느리게 진행되었던 것에 대한 또 하나의 이유이기도 합 니다. 내가 논의했듯이, 미국의 은행시스템은 3년 전보다 튼튼한 상태입니다. 지난 3년 사이에 은행시스템의 자기자본 총액은 3천 억 달러쯤 늘어났습니다. 이 정도면 상당히 큰 증가이지요. 그리고 대체로 말해서, 신용공여 조건^{credit terms}이 조금 완화되고 있습니다. 많은 부문에서 은행 대출이 확대되고 있거든요. 은행 영업 및 신용 측면에서 다소 개선이 있는 것은 확실합니다.

그럼에도, 신용이 계속 핍박한 상태로 미래가 전개될 가능성이 아직도 있습니다. 요즘은 완벽한 신용 평점을 받은 분들 아니면 주택담보대출을 얻기가 매우 어렵다고 이미 말씀드렸지요. 또한, 다른 부문들—예를 들면 소기업—도 융자받는 데에 어려움을 겪고 있습니다. 소기업이 중요한 일자리 창출원이라는 사실은 잘 알려져 있습니다. 그러므로 소기업을 처음 시작하기가 어렵거나 소기업의 확장을 위한 신용 확보가 어려운 점은 그동안 일자리 창출을 비교적 더디게 만든 여러 이유들 가운데 하나입니다.

금융시장 및 신용시장의 또 다른 측면은 유럽의 상황과 관련성이 있습니다. 미국의 금융위기와 함께 매우 심각했던 유럽의 금융위기는 이제 그 다음 단계로 접어들었습니다. 다수 국가의 지급능력에 관한 이슈, 즉 그리스, 포르투갈, 아일랜드와 같은 나라들이 자신의 채권자에게 빚을 갚을 수 있을지 여부에 대한 우려가 유럽의 재무 여건에 곤경을 초래한 것이지요. 그리고 이러한 우려는 금융시장에서 리스크 회피 및 변동성을 조성함으로써 미국에 해로운 영향을 미쳤습니다.

이러한 논의로부터 도출할 만한 한 가지 교훈은, 통화정책이 강력한 수단이긴 하지만 존재하는 모든 문제들을 해결할 수는 없다는 사실입니다. 특히 이번 경기회복에서 우리가 맞닥뜨리게 되는 문제들은 예를 들어, 주택시장, 주택담보대출 시장, 은행, 신용 확대credit extension, 그리고 물론 유럽의 상황에 관련된 다수의 구조적 이슈들입니다. 이런 이슈들에 대해서는 경제를 다시 움직이도록 만들기 위해, 다른 종류의 정책들—재정정책, 주택정책, 또는 무슨 정책이든—이 필요합니다. 통화정책을 통해 연방준비제도가 자극을 줄 수는 있습니다. 금리를 낮추면 되니까요. 그렇다고 해서, 경제에 영향을 주는 중대한 구조적 문제와 재정 문제 등을 통화정책 혼자의 힘만으로는 해결할 수 없습니다.

이런 상황은 꽤나 실망스럽습니다. 또한, 우리가 현재 상태로나마 회복되는 데에도 그동안 꽤 시간이 흘렀지만 우리가 도달하려 하는 곳까지는 아직도 갈 길이 멉니다. 그래서 나는 장기 전망에 대해 몇 말씀 드리려 합니다. 우리가 실제로 커다란 외상trauma을 입은 것은 물론입니다. 위기는 우리들에게 매우 깊은 상처를 남겼으니까요. 우리들 가운데 많은 사람들이 오랜 동안 실직 상태에 놓여 있습니다. 실업자 중 약 40퍼센트 이상이 6개월 이상의 기간을 실직 상태로 지낸 분들입니다. 만약 실직 상태가 6개월, 1년 또는 2년 동안 계속되면, 여러분이 가지고 있던 기술이 무뎌지기 시작하고 재취업 가능성도 떨어지기 시작하는 법입니다. 그러므로 장기간의 실업이 문제라는 점은 분명합니다. 실업 문제 외에, 위기 이전부터 미국이 이미 직면해오고 있는 다른 이슈들이 여럿 있습니다. 이들은 연방 재정적자와 같은 이슈들로, 아직 사라지지 않았습니다. 사실, 이 이슈들은 경기침체를 거치면서 좀 더 악화되었습니다. 그러므로 우리 경제에 몇몇 실질적 역풍이 불어왔던 것이 분명합니다.

그렇긴 하지만, 나는 그런 충격이 올 때마다 우리 미국 경제가 늘 회복할 수 있었다는 사실을 이해하는 것이 중요하다고 생각합니다. 미국 경제는 과거 많은 단기적 충격에 직면해왔고 일부 충격은 그리 단기적인 것이 아니었는데도 이들 충격에서 언제나 회복해왔다는 것이지요. 미국 경제에는 강점이 많이 있습니다. 미국이 세계 제1의 경제 대국인 것은 물론입니다. 인구로는 세계 총인구의 약 6퍼센트에도 조금 못 미치는 수준이긴 하지만, 세계 총산출의 20~25퍼센트가 미국에서 생산되기 때문입니다. 우리의 생산성이 그렇게 높은 이유는 우리가 가진 다양한 산업군, 아직도 세계 최고임이 분명한 기업 문화, 노동시장 및 자본시장의 유연성, 그리고 여전히 우리의 최고 강점 중 하나인 기술과 관련성이 있습니다. 기술은 경제성장을 견인해왔으며, 점점 더 그 역할이 두드러지고 있습니다. 세계 최고의 대학교 및 연구 센터 여러 곳이 미국에 소재하고 있어 세계 전역에서 재능 있는 사람들을 자석처럼 끌어 모으는 가운데, 미국은 연구 개발R&D 부문에서 커다란 성공을 일궈왔습니다. 연구 개발은 지금껏 우리 경제의 지속적 성장 및 혁신의 원천이었습니다. 다시 말씀드리지만, 우리에게도 약점이 있고 금융위기로 그 중 몇 가지가 두드러지기도 했습니다. 하지만, 우리는 금융규제 시스템을 강화함으로써 그런 문제들을 해결하기 위해 노력해왔습니다.

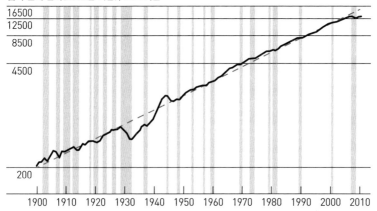

그림 39. 실질 GDP, 1900~2010년

주: 수직 음영 부분은 NBER이 지정한 공식 경기침체 지속 기간을 표시. 점선은 추세선을 표시.
자료: 1900~1928년의 자료에 대해서는 『미국의 역사통계(Historical Statistics of the United States)』,
밀레니엄판(Millennial Edition), 표 Ca9; 1929년~현재의 자료에 대해서는 경제분석국.

　　나는 그림 39를 흥미롭게 생각합니다. 내가 이번에 일련의 강
의에서 논의했던 내용을 이 그림을 통해 균형감 있게 조망할 수 있
거든요. 그림에서 점선은 실질 GDP 기준으로 3퍼센트를 조금 넘
는 일정한 경제성장률을 보여줍니다. 세로축을 로그 기준으로 그
렸으므로 직선이 일정한 경제성장률을 의미하는 것이지요. 1900년
으로 거슬러 올라가보면 이후 1세기가 넘는 동안 미국 경제가 매년
약 3퍼센트씩 상당히 꾸준하게 성장해왔다는 사실을 그림에서 확
인할 수 있습니다. 1930년대에는 대공황이 실제 산출을 추세선 아
래로 끌어내리면서 커다란 변동이 생겼다는 사실을 알 수 있습니

다. 그런 다음 여러분은, 제2차 세계대전 동안 실제 산출이 추세선 위쪽으로 이동했다는 사실도 알 수 있습니다. 하지만 제2차 세계대전 이후 무슨 일이 생겼는지 살펴봅시다. 경제가 곧장 추세선으로 회복되었던 것이지요. 전후 기간에도 경기침체와 과열 및 붕괴가 있었지만 경제성장은 추세선에 꽤 근접한 상태로 내내 유지되었습니다. 이제 그림에서 멀리 오른쪽 끝부분으로 눈을 돌리면, 오늘날 우리의 상황을 보게 됩니다. 지금 우리는 추세선을 밑돌고 있습니다. 그림에 나타난 이와 같은 최근의 성장세 둔화가 앞으로도 지속될 것인지 여부에 대한 논쟁이 있습니다만, 역사를 돌아볼 때 나는 미국 경제가 3퍼센트를 전후한 범위 내의 건강한 연간 성장률 수준으로 복귀할 가능성이 상당히 있다고 생각합니다. 인구 증가율 변화와 인구 고령화 등과 같이 우리가 따로 감안해야 할 요인들이 있긴 합니다. 그러나 대체로 말해서, 이 그래프는 미국 경제가 오랜 기간에 걸쳐 성공적으로 장기 경제성장을 유지해왔다는 사실을 보여주고 있는 것이지요.

이제 규제의 변화에 대해 간단히 말씀 드리려 합니다. 지난 제2강과 3강에서 나는 금융시스템 내 민간부문의 취약성은 물론 공공부문의 취약성까지 모두 논의했습니다. 공공부문의 경우, 위기로 인해 미국 규제시스템의 많은 약점들이 드러났습니다. 리먼브러더스와 AIG에 무슨 일이 생겼는지를 우리는 봤습니다. "대마불사" 문제가 금융시스템에 미친 효과를 우리가 목격한 것이지요. 좀 더 일반적으로 말하면, 금융시스템 내부의 개별 부분이 아닌 시스템 그 자체의 광범한 안정성에 대한 주의가 부족하면 어떤 문제가 생기는지를 우리가 알게 된 것입니다.

2008년 이래 미국에서는 양적으로 상당한 금융규제 개혁이 진행되었습니다. 단일 제정법으로는 소위 도드-프랭크법Dodd-Frank Act이 가장 방대합니다.[5] 2010년 여름에 의회를 통과한 이 법률은 공식 명칭이 월 스트리트 개혁 및 소비자보호법The Wall Street Reform and Consumer Protection Act이며, 내가 앞서 논의했던 여러 취약성을 다루는 금융개혁 조치들을 한 데 모아놓은 포괄적 법률입니다.

자, 이들 취약성은 어떤 것이었나요? 하나는, 전체 시스템을 지켜보는 사람이 아무도 없었다는 사실입니다. 어느 누구도 전반적 금융안정에 대한 리스크와 위협을 탐지해내기 위해 금융시스템 전체를 살피지는 않았습니다. 그러므로 도드-프랭크법의 주요 테마 중 하나는 시스템적 접근systemic approach을 고안하려는 것입니다. 이러한 접근 방식에서는 규제자들이 시스템을 구성하는 개별 요소뿐만 아니라 전체 시스템까지 살펴봅니다. 이를 수행하기 위한 수단 가운데에는 금융안정감시위원회FSOC라는 이름의 신설 위원회가 있습니다. 이 위원회는 규제자들 사이의 조정을 돕는 기구로서 연준도 여기에 참여합니다. 우리는 이 위원회에 정기적으로 모여 경제 및 금융 동향을 논의합니다. 또한, 시스템 전체를 점검하면서 여러 종류의 문제를 피하기 위해 시도해볼 수 있는 방식에 대해 협의합니다.

게다가 도드-프랭크법은 모든 규제자에게 각기 자신의 개별 규제감독 조치가 갖는 광범한 시스템적 함의를 고려해야 하는 책임을 부과했습니다. 특히, 연방준비제도는 감독 부서에 대해 대대적인 구조조정을 단행했습니다. 그 덕분에 우리는 이제 모든 범위의 금융시장 및 금융기관을 매우 포괄적으로 살펴보고 있습니다. 그 결과, 위기 이전에는 우리에게 없었던 큰 그림을 이제는 그릴 수 있게 되었습니다.

취약성을 논의하면서 나는 금융시스템 내의 많은 틈새에 대해 언급했었습니다. 어떤 규제기구로부터도 이렇다 할 포괄적 감시를 전혀 받지 않은 중요 기업들이 있었습니다. 이런 중요 기업들에는 예를 들어 AIG도 있었지만 다른 기업들도 있었습니다. 이제 도드-프랭크법은 안전장치를 제공합니다. 충분한 감독을 받지 않고 있다고 여겨지는 어떤 기관도 연방준비제도의 감독 하에 놓일 수 있도록 금융안정감시위원회가 표결로 지정할 수 있기 때문입니다. 그런 과정이 현재 이루어지고 있습니다. 그러므로 크고 복잡한 시스템상 중요 기업이 감시를 받지 않는 일은 더 이상 없을 것입니다. 마찬가지로, 금융안정감시위원회는 증권거래소나 다른 주요 거래소와 같은 소위 금융시장 공익기업financial market utilities, FMU에* 대해서도 연준이나 다른 기구의 감독을 받도록 지정할 수 있습니다. 금융시스템 내의 틈새들이 이렇게 메워지고 있는 것이지요. 그러

---

* 연방준비제도이사회의 웹사이트 자료에 따르면, 금융시장 공익기업이란 "금융기관 사이의 금융거래에서 이체·청산·결제를 위해 필수적 하부구조를 제공하는 다각적 시스템"을 가리킨다.

므로 위기 이전의 상황을 우리가 다시 맞이하게 되는 일은 없을 것입니다.

또 다른 부류의 문제들은 "대마불사"와 관련이 있습니다. 시스템상 중요 기업을 어떻게 다뤄야 할지에 관한 것이지요. 대마불사 혹은 시스템상 중요 기관을 다루기 위한 접근은 두 갈래입니다. 한편으로는, 도드-프랭크법에 따라 크고 복잡한 시스템상 중요 금융기관은 그렇지 않은 금융기관에 비해 더욱 강력한 감독규제에 직면하게 될 것입니다. 연방준비제도는 국제 규제자들과 협력하여, 이들 기업에게 적용하게 될 더 높은 수준의 자기자본 의무capital requirement를 제정했습니다. 여기에는 규모 및 시스템상 중요성이 가장 큰 기업들에 대한 추가자본 의무도 포함되어 있습니다. 또한, 은행 계열회사에게 자기계정 자금을 이용한 고위험 거래를 금지하는 볼커 룰Volcker Rule과 같은 규정들은 대형 기업의 위험 수준을 줄이게 될 것입니다. 스트레스 테스트도 실시됩니다. 대형 기업은 연준이 실시하는 스트레스 테스트를 연 1회 받아야 하고 기업 자체적으로도 스트레스 테스트를 연 1회 수행해야 한다고 도드-프랭크법은 정하고 있습니다. 이런 조치들 덕분에 이들 기업이 금융시스템에 가해지는 커다란 충격을 견뎌낼 수 있을 지에 대해 우리가 더 이상 불안해하지는 않을 것입니다. 적어도 과거보다는 덜 불안하겠지요.

방금 논의한 것처럼, "대마불사"에 맞서 싸우기 위한 접근의 한 갈래는 이들 복잡한 대형 기업을 더욱 엄중하게 감시하는 일입니다. 이들 기업에 대해 더 많이 감독하고, 자기자본을 더 많이 쌓게 하며, 스트레스 테스트를 더 많이 실시하고, 이들의 활동에 더 많은 제약을 부과하는 것이지요. 한편, "대마불사"에 맞서 싸우기 위한 다른 한 갈래의 접근은 글쎄요, 기업을 파산시키는 일입니다. 지난 위기에서, 연방준비제도와 여타 금융감독기구들은 곤혹스런 선택에 직면했습니다. AIG와 같은 일부 대형 기업의 파산을 막기 위해 노력하든지 아니면 이들의 파산을 내버려두든지, 둘 중 하나를 선택해야 했으니까요. 파산을 막으려는 전자의 선택은 "대마불사"를 인정하는 것이므로 부당합니다. 기업들이 스스로 취한 리스크에 대해 온당한 대가를 치르지 않는다는 것을 의미하기 때문이지요. 그렇지만, 파산을 내버려두는 후자의 선택에는 전체 금융시스템 및 경제를 불안정하게 만들지도 모른다는 잠재적 위험이 따릅니다. 이것이 다름 아닌 "대마불사"의 문제이지요. 이 문제를 해결하는 방법은 결국, 대형 기업이 전체 금융시스템과 경제를 위험에 빠뜨리는 일 없이 안전하게 파산할 수 있도록 만들어주는 것말고는 없습니다. 도드-프랭크법의 주요 구성 요소 중 하나는 이른바 "질서정연한 청산을 위한 권한"으로, 이 특별정리 권한은 연방예금보험공사FDIC에 주어졌습니다. 연방예금보험공사는 파산에 직면한 은행을 폐쇄시킬 수 있는 권한을 이미 갖고 있으며, 흔히 주말을 이용하여 신속하고 효율적으로 폐쇄 조치를 이행할 수 있습니다. 또한, 예금주들은 온전한 보상을 받게 됩니다. 연방예금보험공사가 예금주를 보호할 수 있는 권한을 갖추었기에 1930년대 이래 패닉과 뱅크런을 피할 수 있었습니다. 복잡한 대형 기업들에 대해서도 이와 유사한 일을 하도록 연방예금보험공사에게 맡긴다는 취지에서 특별정리 권한을 부여한 것이지요. 물론 이 일이 훨씬 더 어렵다는 것은 분명합니다. 그래서 연준과의 협력 하에 준비 작업이 진행되고 있습니다. 다국적기업의 경우에는 외국 감독자들과의 협력 아래 준비 작업이 진행 중이고요. 대형 기업이 지급불능의 고비에서도 해법을 찾지 못하는—예를 들어 신규 자기자본을 확충하지 못하는—일이 설사 벌어진다고 해도, 연준이 2008년에 행한 방식으로 개입할 수 있는 권한은 이미 제거되었습니다. 연준이 그런 방식으로 개입하는 일은 법률적으로 더 이상 가능하지 않게 되었다는 말씀입니다. 연준이 갖게 될 유일한 선택은, 연방예금보험공사와 협력해서 문제의 기업을 안전하게 정리하는 것입니다. 이렇게 하면 "대마불사"의 문제는 결국 줄어들게 될 것입니다. 아니, 이런 조치로 "대마불사"의 문제가 완전히 해소되기를 소망해봅니다.

이외에도, 도드-프랭크법에는 다른 측면들이 많이 있습니다. 내가 논의했던 또 하나의 취약성은 이색 금융수단 및 파생상품 등입니다. 이런 것들은 리스크를 집중시키기 때문에, 도드-프랭크법은 일단의 새로운 의무규정들을 담고 있습니다. 여기에는 파생상품 포지션의 투명성을 제고하고, 파생상품을 표준화하며, 중앙청산소central counterparties라 부르는 제3자를 통해 파생상품을 거래하도록 하는 규정들이 모두 포함됩니다. 이렇게 한 것은, 파생상품 및 관련

거래를 밝은 곳으로 옮겨 규제자 및 시장 모두가 이들을 이용할 수 있고 볼 수 있도록 만듦으로써 우리가 위기 동안 경험했던 것과 같은 상황을 피하자는 데에 그 취지가 있는 것이지요.

연방준비제도는 주택담보대출 관련 소비자보호에서 자신의 일을 잘 해내지 못했습니다. 그보다 더 잘했어야 합니다. 그래서 도드-프랭크법은 금융거래에서 소비자를 보호하려는 의도로 금융소비자보호국CFPB이라는 이름의 새로운 기구를 신설했습니다. 예를 들어 주택담보대출의 계약 조건에 나오는 소비자보호 장치와 같은 것들이 여기서 말하는 소비자보호에 포함됩니다.

이와 같이, 도드-프랭크법에는 매우 다양한 측면이 있습니다. 이 법률은 분량도 많고 복잡합니다. 바로 이러한 사실 때문에 도드-프랭크법에 대해 많은 불만들이 터져 나왔지요. 이 규정들을 효과적으로 이행하고 동시에 산업과 경제에 대한 부담을 최소화하기 위해, 규제자들은 최선을 다하고 있습니다. 이것은 쉽지 않은 과정이지만, 지속적으로 진행되고 있습니다. 규정안을 만들어 공표하고 그에 대한 여론을 수렴하여 검토한 후 원래의 규정안을 수정하는 등, 광범위한 과정을 거치면서 이 일을 수행하는 것이지요. 우리는 이런 반복적 과정을 통해 규제 표준을 마련합니다. 다시 말씀드리지만, 이 과정은 아주 많은 부분이 여전히 진행 중입니다.

앞날에 대해 두 가지를 말씀드리면서 강연을 마무리하겠습니다. 미국의 중앙은행은 물론 전 세계의 중앙은행들이 모두 다, 매우 어렵고 극적인 시기를 최근 겪어 냈습니다. 이 기간 동안, 우리는 정책을 어떻게 관리해야 하며, 금융시스템에 대한 우리의 책임을 어떻게 관리해야 하는지에 대해 많은 생각을 다시 해봐야 했습니다. 구체적으로 제2차 세계대전 이후 대부분의 기간 동안,* 많은 중앙은행들은 금융안정정책을 통화정책보다 뒷전으로 간주하기 시작했습니다. 이는 상황이 비교적 안정적이기 때문이기도 했고 당시로서는 금융위기가 선진국이 아닌 신흥시장국에서 발생하는 일이기 때문이기도 했습니다. 그래서 금융안정정책을 통화정책만큼 중요하다고 여기지는 않았던 것이지요. 중앙은행이 금융안정정책에 주의를 기울이긴 했지만 많은 자원을 투입하지는 않았다는 말씀입니다.

위기 동안 일어났던 일들과 우리가 아직도 실감하고 있는 위기의 영향을 근거로 생각해보면, 금융안정을 유지하는 일이 통화안정 및 경제안정을 유지하는 일과 똑같은 정도로 중요한 책무라는 사실이 이제 명백해졌음은 말할 나위도 없습니다. 그리고 사실 이것은 연방준비제도가 맨 처음 생겨나게 된 기원으로 되돌아 간 것을 의미합니다. 연방준비제도가 설립된 이유가 금융패닉의 발생 빈도를 줄이기 위한 것이었다는 사실을 기억하기 바랍니다. 금융안정은 연준을 설립하게 된 원래의 목적이었습니다. 이제 우리는 완전히 한 바퀴를 돌아 원점에 도달한 셈이지요.

---

* 원문(p.121)에는 "during much of the World War II period"로 나와 있으나, 이는 during much of the post-World War II period의 오기이다.

금융위기는 항상 우리 곁에 있을 것입니다. 이는 아마도 피할 수 없는 일인 것 같습니다. 서구 세계는 지난 6백 년 동안 금융위기를 겪어왔으니까요. 향후에도 금융시스템에는 주기적으로 버블이나 다른 불안정이 발생할 것입니다. 하지만 우리가 최근 경험한 것처럼 그로 인한 잠재적 피해가 얼마나 커질 수 있는지를 감안한다면, 우선 위기를 예상하거나 방지하기 위해 중앙은행과 여타 규제자들이 할 수 있는 일을 다 하는 것은 참으로 중요합니다. 뿐만 아니라 만약 위기가 발생한다면, 그 위기를 경감시키기 위해서도 그리고 금융시스템이 피해 받지 않고 위기 내내 잘 견뎌낼 수 있도록 시스템의 강건성을 확보하기 위해서도 중앙은행과 여타 규제기관들은 할 수 있는 모든 일을 해야 합니다.

우리는 중앙은행의 두 가지 주된 수단—금융위기를 방지하거나 경감시키기 위해 최종대부자 역할을 수행하는 것과, 경제안정을 강화하기 위해 통화정책을 이용하는 것—에 주목하면서 논의를 시작했습니다. 내가 설명한대로, 대공황 기간에는 이들 두 가지 수단이 적절하게 이용되지 않았습니다. 그러나 최근의 위기에서는 연방준비제도와 다른 중앙은행들이 이러한 수단을 적극적으로 사용했습니다. 나는 중앙은행들의 정책이 고도로 수렴했다고도 생각합니다. 내 생각으로는, 다른 주요 중앙은행들이 연준의 정책과 매우 흡사한 정책을 따랐거든요. 아무튼, 최종대부자 역할과 통화정책이라는 두 가지 수단을 적극적으로 사용함으로써 우리는 훨씬 더 나쁜 결과를 피했다는 것이 내 생각입니다. 만약 이러한 수단을 적극적으로 사용하지 않았더라면 금융위기도 실제보다 더 심했을 것이고, 금융위기로 인한 경기침체의 깊이와 혹독함도 더했을 것입니다. 새로운 규제 체계도 도움이 될 것입니다. 하지만 이것이 문제를 해결해주지는 않을 것임을 다시 말씀드립니다. 왜냐하면, 우리들 규제자와 우리의 후임자들이 전체 금융시장을 계속 감시하여 문제를 식별한 후 우리가 가진 수단으로 그 문제에 대처하려 하는 것만이 궁극적으로 유일한 해법이기 때문입니다.

질문과 대답

학생 제1강에서 의장께서는 월 스트리트와 메인 스트리트 사이의 의견 불일치에 대해 간단히 언급하셨습니다. 이후 일련의 강연이 이어지는 동안, 제 마음 한 구석에는 바로 그 문제가 내내 자리 잡고 있었습니다. 의장께서는 일반 국민을 대상으로 한 통화정책 교육의 중요성에 대해 말씀하셨습니다. 이 일련의 강연이 연방준비제도에 대한 저의 궁금증을 풀어준 것은 분명합니다. 하지만, 실은 메인 스트리트의 소리가 아닌 월 스트리트의 소리에 이 강연의 다이얼이 맞춰져 있었다고 생각합니다. 많은 미국인들이 자신의 주택담보대출의 원리금을 갚느라 에쓰고 있지만, 금융안정의 중요성에 대해서는 제대로 이해하지 못하고 있습니다. 이런 분들 사이에 은행 구제 ^{bank bail-outs}가 얼마나 인기가 없는지를 감안할 때, 의장께서는 미국인들이 이런 시각의 차이를 언젠가 해소할 수 있을 것으로 보시는지요?

버냉키 의장 맞습니다. 우리가 19세기에 경험했던 것과 동일한 몇 가지 충돌의 영향이 오늘에도 미치고 있는 셈이지요. 그 질문에 대한 답이 간단하지는 않습니다. 여러분이 잘 아는 바와 같이, 우리가 어떤 일을 했으며 지금 어떤 일을 하고 있는 중인지를 설명하기 위해 연방준비제도는 기자회견과 여타 종류의 수단을 통해 더 많은 대외 소통 활동을 해왔습니다. 그런 의미에서 연방준비제도의 책임성이 높은 것은 분명합니다. 우리는 의회 증언대에 자주 섭니다. 의장인 나는 물론이고, 연방준비제도이사회의 다른 위원들이나 연방준비은행 총재들도 의회에서 자주 증언을 합니다. 또한 우리는 연설을 하고 다양한 행사 등에도 참석합니다.

연준에게 이와 같은 대외 소통 활동은 본래 쉬운 일이 아닙니다. 연준은 복잡한 기관이기 때문이지요. 이번 네 차례의 연속 강연에서 여러분도 알게 되었겠지만, 연준이 다루는 이슈들은 간단하지 않습니다. 그렇지만 우리가 할 수 있는 것은 우리가 최선을 다하는 일과, 교육자 및 언론 매체 등이 일반 사람들에게 우리의 이야기를 전하여 그 분들의 정확한 이해에 도움을 주게 되기를 소망하는 일이 전부라는 생각입니다. 연준의 대외 소통은 어려운 과제입니다. 이와 같은 상황은 미국인들의 정서적 긴장 상태를 반영하고 있는 것이 사실입니다. 중앙은행을 대하는 미국인들의 정서에 내재된 긴장은 연준 설립 초기부터 내내 지속되어 왔거든요.

학생 앞서 의장께서는 연방준비제도가 대규모 자산매입을 원래대로 되돌리는 몇 가지 방식이 있다고 언급하셨습니다. 여기에는 자산을 다시 시장에 매각하는 방식도 포함되고요. 그런데 투자자들이 그 자산을 미래에 기꺼이 다시 사들일 것이라고 어떻게 보장할 수 있습니까?

버냉키 의장 기본적으로 우리는 각기 구분되는 세 가지 유형의 수단을 활용할 수 있습니다. 이들 중 어느 하나만으로도 우리의 정책을 되돌릴 수 있게 됩니다. 그런데 다 합쳐 세 가지나 갖고 있으니, 크게 안심하게 되는 것이지요.

첫째, 은행들이 연방준비제도에 보유하고 있는 지급준비금에 이자를 줄 수 있는 권한이 우리에겐 있습니다. 그러므로 연준이 금리를 올려야 할 시기가 오면, 우리는 지급준비금에 대해 은행에 지급하는 금리를 인상함으로써 그렇게 할 수 있습니다. 은행들은 연준에 맡긴 지급준비금에서 얻을 수 있는 금리 수준보다 낮은 금리로는 남들에게 대출해주지 않을 것이니까요. 이런 방식으로 우리는 지급준비금을 묶어두고 금리를 높여 긴축적 통화정책을 펼치게 될 것입니다. 그러므로 이 한 가지 수단만으로도 통화정책을 긴축적으로 운용할 수 있습니다. 우리의 대차대조표가 계속 대규모로 남아 있다고 해도 말이지요.

우리가 가진 둘째 수단은 이른바 방출 수단^{draining tools}입니다. 기본적으로, 연준 대차대조표 상의 자산 총액이 불변인 상태에서도, 우리는 지급준비금이 은행시스템에서 흘러나가게 하는 대신 이를 다른 종류의 부채로 대체할 수 있는 여러 가지 방법을 갖고 있습니다.

셋째이자 마지막 선택은 자산이 만기가 되어 연준 대차대조표에서 사라지도록 내버려두거나 아니면 자산을 매각하는 것입니다. 여기서 자산이란 재무부 증권과 정부가 지급을 보증한 증권을 가리킵니다. 우리가 이들 증권을 매각할 때의 시장금리가 현재의 시장금리보다 높을 가능성이 확실히 있습니다. 달리 말하면, 우리가 매각하려는 증권을 투자자들이 기꺼이 매입하도록 만들기 위해 지금보다 더 높은 금리를 우리가 지급해야 할 것이라는 말씀입니다. 그렇지만 그것은 사실상 자연스런 과정의 일부분일 것입니다. 왜냐하면, 그런 일은 우리가 금리를 올리려 하는 시기에 생길 것이기 때문이지요. 우리가 자산을 매입했을 때에는 금리가 낮았는데도 매입했었습니다. 우리가 향후 자산을 매각할 때는 과거에 자산을 매입했을 때와는 반대일 것입니다. 그 시점에서는 우리가 금리를 올리려 할 것입니다. 이는 완화적 정책에서 벗어나, 인플레이션을 낮게 유지하는 가운데 경제가 성장할 수 있도록 정책의 기조를 전환하기 위해서입니다.

그래서 나는 투자자들이 자산을 매입하지 않게 될 위험은 조금도 없다고 생각합니다. 투자자들은 더 높은 금리로 분명히 자산을 매입할 것입니다. 여기서 더 높은 금리란, 연준 대차대조표의 축소를 통해 금융 여건에 긴축적 영향을 줌으로써 미래의 인플레이션에 대한 우려를 피하려는 연준 목적의 일환일 것입니다.

학생 저는 주택담보대출금을 꼬박꼬박 상환해온 주택 소유주에게 현재의 낮은 금리로 차환을 허용해주는 방안의 설계에 관한 논문을 읽었습니다. 이 안은 주택 가격 하락으로 인한 피해로부터 이들을 보호하기 위한 한 가지 방식으로 제시되었지요. 의장께서 이런 계획에 대해 들어보신 적이 있으신지 궁금합니다. 또한, 연방준비제도가 어떤 종류의 개입을 하게 될지, 혹은 그런 업무가 금융소비자보호국의 소관이 될지 여부에 대해서도 궁금합니다.

버냉키 의장 그와 같은 몇몇 프로그램이 있습니다. 특히 그 중 하나가 HARP라는 이름의 프로그램, 즉 주택담보대출 차환 프로그램 Home Affordable Refinance Program, HARP이지요. HARP 프로그램은, 정부지원기업인 패니 및 프레디와 이들의 규제자인 연방주택금융청FHFA에 의해 운영되고 있습니다. 만약 여러분이 깡통주택 상태—다시 말해, 여러분이 소유한 주택의 가격보다 더 많은 주택담보대출금을 갚아야 하는 상태—에 직면했다고 해도, 여러분의 주택담보대출에 대한 소유권이 패니 또는 프레디에게 있다면 여러분은 HARP 프로그램에 따라 낮은 금리에서 차환할 자격을 여전히 갖게 될 것입니다. 이렇게 되면 여러분의 월부금 부담이 줄게 되는 것이지요. 이 프로그램은 이미 실시 중이며, 지원 대상을 확대해오고 있습니다. 하지만 여러분의 주택담보대출이 은행 소유라면 저금리 차환이 반드시 가능한 것은 아닙니다. 이런 경우, 이들 은행은 HARP 프로그램의 적용 대상이 아니기 때문입니다. 은행이 여러분에게 저금리 차환을 해주기로 스스로 선택할 수는 있겠지만 말이지요. 그러므로 여러분의 주택담보대출이 패니나 프레디의 소유가 아니라면 운이 나쁠 수도 있겠지요.

요컨대, 질문한 학생이 말한 그런 프로그램들이 있습니다. 연준이 여기에 개입되어 있는 것은 아니지만요. 우리가 한 일은, 주택 소유주들에게 도움이 되기를 기대하면서 주택담보대출 금리를 낮게 유지하는 것이었습니다. 그와 같은 프로그램은 월부금 감소를 가져와 사람들이 직면하는 자금 부담을 완화시켜주므로 분명 도움이 될 것입니다. 이렇게 되면, 이 분들이 결국 주택담보대출을 연체하게 될 확률은 작아질 것입니다.

학생 의장께서는 강연에서 과거 대공황기의 디플레이션 위험과 좀 더 최근 일본의 디플레이션 위험에 대해 언급하셨습니다. 목표 인플레이션율을 영(0)보다 높게 유지하는 근거 중 하나는 디플레이션 가능성에 대비한 완충장치의 제공에 있습니다. 하지만, 미국이 경험한 지난 두 차례의 경기침체에서는 디플레이션에 대한 상당한 두려움이 있었습니다. 그 때문에 연방준비제도는 2000년대 초 통화정책을 매우 수용적으로 유지했고, 지금은 더욱 더 수용적으로 유지하게 되었습니다. 의장께서는 2퍼센트의 인플레이션 목표가 디플레이션을 방지하기에 충분한 수준의 완충장치라고 보시는지요? 좀 더 높은 인플레이션 목표치에 대해서는 고려해보신 적이 있으신지요?

버냉키 의장 좋은 질문입니다. 질문 내용에 대해서는 많은 연구가 나와 있습니다. 목표 인플레이션 수준에 대해서는 2퍼센트 내외가 국제적 합의로 보입니다. 인플레이션 목표치를 갖고 있는 거의 모든 중앙은행이 2퍼센트나 1~3퍼센트, 또는 그와 크게 다르지 않은 특정 수준을 목표로 하고 있으니까요. 그런데 여기에 상충 관계trade-off가 존재합니다. 왜냐하면, 한편으로는 질문자가 말한 대로 디플레이션 위험을 피하거나 줄이기 위해 여러분은 인플레이션 목표치를 영(0)보다 높게 잡기를 원하지만, 다른 한편으로 인플레이션이 너무 높으면 그 높은 인플레이션이 시장에서 문제들을 초래할 것이기 때문입니다. 이 후자의 문제들은 경제의 효율을 떨어뜨릴 것이라는 말씀입니다. 하나의 인플레이션 수준이 디플레이션에 대비하는 충분한 정도의 완충장치가 되어야 하지만, 시장의 작동을 방해할 정도로 높아서도 안 되는 것이지요. 다시 말씀드리지만, 인플레이션 목표에 대한 국제적 합의는 그동안 2퍼센트 정도였고, 연준도 매우 오랫동안 비공식적으로 그 수준을 생각해왔습니다. 그래서 우리는 연준의 인플레이션 목표를 2퍼센트 정도로 공표했고, 가까운 장래에도 인플레이션을 그 수준으로 유지할 계획입니다. 그렇지만 연구자들은 이 이슈를 계속해서 검토할 것이 분명합니다. 이들은 최적의 상충 관계가 정확히 어떤 인플레이션 수준에서 성립하는지를 찾아내려고 할 테니까요.

학생 최근 금융위기를 통해 의장께서 깨닫게 된 커다란 교훈 중 하나는 통화정책은 강력하지만 이것이 모든 문제를, 특히 구조적인 문제를 해결할 수는 없다는 것이라고 언급하셨습니다. 주택시장과 금융 및 신용시장의 구조적 문제들을 해결하기 위해 활용 가능한 효과적 도구에는 무엇이 있는지요?

버냉키 의장 문제가 어떤 것이냐에 따라 다르겠지요. 주택의 경우, 연방준비제도에서는 여러 가지 이슈를 분석한 백서를 작성했습니다. 여기에는 유질foreclosures뿐만 아니라 공실vacant houses은 어떻게 처리할 것이며, 어떻게 해야 보다 적정한 주택담보대출 승인 조건을 얻을 수 있을 것인지 등과 같은 이슈들이 다뤄졌습니다. 우리가 실제 권고를 모두 모아 발표한 것은 아닙니다. 왜냐하면 그런 이슈들에 대한 결정은 실제로 의회 및 여타 기구에 달려 있기 때문이지요. 그래도 우리는 가능한 접근들을 망라하여 하나하나 실제로 검토했습니다.

주택시장이 보다 순조롭게 작동하도록 만들기 위해서는 다수의 상이한 일들을 수행할 필요가 있을 것입니다. 주택 문제는 매우 복잡하기 때문이지요. 그리고 패니와 프레디가 안고 있는 문제를 감안하면, 우리의 주택금융시스템이 보다 장기적으로 어떤 모습을 가지게 될지에 대해 정말이지 미래를 내다보며 국가적 차원에서 매우 중요한 결정을 내려야 할 것입니다.

예를 들어 유럽은 매우 복잡한 문제를 안고 있습니다. 우리는 유럽의 동료들과 긴밀한 논의를 해오고 있습니다. 그분들은 여러 가지 조치를 취해왔습니다. 바로 지금 유럽의 동료들은 소위 방화벽firewall에 대해서, 그러니까 어떤 나라가 국가부도 상태가 되거나 부채를 상환하지 못하게 되는 경우 그런 상황이 다른 나라로 전염될 가능성에 대비한 보호를 제공하기 위해 얼마나 많은 자금을 미리 부담해야 할지에 대해 논의하는 중입니다.

이들 이슈마다 각기 고유의 접근이 있습니다. 노동시장에서는 오랫동안 실직 상태에 있는 사람들이 문제입니다. 이 문제를 다루는 최선의 방법 중 하나가 일종의 훈련을 통한 기능 증진임은 분명합니다. 이것 말고도 여러분은 그런 방법들을 계속 열거할 수 있을 것입니다. 기본적으로, 우리 경제를 더욱 생산적이고 더욱 효율적으로 만들어주는 것이라면 무엇이나, 우리의 재정 문제에 관련된 몇몇 장기적 이슈를 다루는 것이라면 무엇이나, 모두 도움이 될 것입니다. 그리고 경기회복을 지원하기 위해 연준이 할 수 있는 최선을 다하고 있다고 해서, 다른 어떤 정책도 수행되지 말아야 한다는 의미는 아닙니다. 우리 경제를 더욱 튼튼하게 만들고 회복이 보다 지속가능한 것이 되도록 도움을 주기 위해, 정부의 각 부분을 전체적으로 잘 살펴보면서 어떤 종류의 건설적인 조치가 취해질 수 있는지 묻는 일이 중요하다는 것이 나의 생각입니다.

학생 경기회복이 지속되도록 하기 위해 연준은 자신의 능력껏 업무를 수행하고 있다고 의장께서 언급하셨습니다. 하지만, 실업률이 8.3퍼센트이고 주택시장이 매우 부진한 데에다 유럽에도 문제가 있습니다. 이런 상황에서 연준은 미래에 불거질 수도 있는 다른 이슈들—예를 들어 실업률이 상승하기 시작하는 경우, 주택시장 회복세가 지금보다 더 더뎌지는 경우, 또는 포르투갈, 스페인과 이탈리아가 국가부도 상태에 처하는 경우와 같은 이슈들—을 해결하기 위해 어떤 다른 수단들을 갖고 있는지요?

버냉키 의장 아, 어쩌죠! 이 질문에 답변하려면 이제 오늘 밤 잠은 다 잔 셈이네요. 내가 오늘 설명한 것은 기본적으로 연방준비제도 및 다른 중앙은행들이 쓸 수 있는 정책 수단들이 무엇인지에 대한 것입니다. 여전히 우리는 최종대부자 권한을 갖고 있습니다. 연준의 최종대부자 권한은 도드-프랭크법에 의해 몇 가지 점에서 수정되었습니다. 어떤 점에서는 강화되었고 또 다른 점에서는 축소되었거든요. 이 같은 최종대부자 권한과 금융규제 권한을 통해, 우리는 금융시스템이 확실히 강건한 상태를 유지하기를 원하는 것입니다. 또한 우리는 유럽에서 발생할지도 모르는 어떤 사태로부터도 우리의 금융시스템과 경제를 보호하기 위해 할 수 있는 모든 일을 반드시 해내도록 특히 열심히 노력해왔습니다. 그러므로 금융시장에 설령 어떤 새로운 문제가 발생하더라도 이러한 수단을 모두 활용할 수 있으며, 모두 제대로 작동할 것입니다.

통화 측면을 보면, 우리가 완전히 새로운 통화정책 수단을 갖고 있는 것은 아니지만 금리정책을 여전히 갖고 있습니다. 그러므로 선밍이 바뀌면 필요에 따라 적절한 회복을 달성하기 위해 통화정책을 계속 이용할 수 있습니다. 다른 한편으로는 연방준비제도가 가진 책무의 나머지 절반인 물가안정을 계속 유지하면서 말이지요.

이것이 우리가 가진 두 벌의 기본 연장입니다. 우리는 경제가 어디로 향하고 있는지를 계속 점검하면서 이들 기본 연장을 적절히 사용해야 할 것입니다. 우리가 가진 다른 연장들은 많지 않습니다. 우리 경제가 다시 일어설 수 있도록 하기 위해서는 정부의 서로 다른 모든 부분에 걸쳐서, 그리고 실은 민간부문도 포함해 우리 모두의 노력이 정말 필요하다고 내가 조금 전에 말씀드렸던 것은 그런 이유 때문입니다.

학생 의장께서는 경기회복에 대해 많은 내용을 말씀하셨습니다. 또한, 경기회복의 속도가 고통스러울 정도로 느리긴 해도 회복이 분명 진행되고 있다고 말씀하셨습니다. 연방준비제도와 의장께서 주목하고 계신 주요 지표—민간부문이 최근의 경기회복을 자생력을 가지고 떠받치기 시작했음을 시사하면서, 연준이 통화정책을 긴축으로 전환하기 시작해도 괜찮으리라는 점을 앞으로 시사하게 될 주요 지표—는 무엇인지요?

버냉키 의장 좋은 질문입니다. 첫째, 최근 개선된 것으로 보임에 따라 우리가 크게 주목하고 있는 일단의 지표는 노동시장 동향입니다. 일자리 수효, 실업률, 주간 실업수당 청구 건수, 근로시간과 같은 모든 지표들이 노동시장의 개선이 진행되고 있음을 시사하고 있습니다. 게다가, 고용은 우리의 두 가지 목표 중 하나입니다. 그러므로 이런 개선이 지속되는 모습을 우리는 분명 바라고 있습니다. 우리는 노동시장이 계속 개선되기를 바랍니다.

내가 제3강에서 논의했듯이, 경제 전반에 걸쳐 수요도 늘고 성장세도 확대되고 하면 노동시장이 지속적으로 개선될 가능성은 더욱 더 커집니다. 그러므로 우리는 소비 지출 및 소비자 심리, 자본투자 계획, 설비투자에 관한 지표와 기업의 낙관적 전망에 관한 지표 등과 같은 각종 지표의 움직임을 계속 점검하면서 생산 및 수요가 어디로 향하고 있는지를 계속해서 살펴볼 것입니다. 그런 다음, 우리가 항상 그러하듯이 인플레이션을 주시해야 하는 것도 물론입니다. 물가안정이 유지되리라는 점과 인플레이션이 낮고 안정적이리라는 점에 대해 안심할 수 있어야 하기 때문이지요. 우리가 내내 주시하게 될 대상은 바로 이런 것들입니다. 손쉬운 공식은 없습니다. 하지만 경제가 활력을 회복하고 좀 더 자생력을 갖추게 되면 어느 시점부터는 연준으로부터 그리 많은 지원을 받아야 할 필요가 줄어들기 시작할 것입니다.

연방준비제도는 2013년 내내 지속해오던 대규모 자산매입 규모를 2014년 1월 들어 월 850억 달러에서 750억 달러로 감축했다. 마침 내 테이퍼링, 즉 양적완화 축소에 착수한 것이다. 같은 달, 2008년 갑자기 밀려온 글로벌 금융위기 및 대침체의 거대한 파고를 지난 6년 동안 꿋꿋이 헤쳐 온 버냉키 연준 의장은 자신의 공식 임기를 모두 마쳤다. 버냉키가 어렵게 내딛은 출구^{exit}로의 첫걸음을 금융 및 경제 전반의 정상화로 연결시키는 험난한 여정은 이제 신임 의 장 자넷 옐런$^{Janet\ Yellen}$의 몫이 되었다.

글로벌 위기가 세계 경제에 미친 파장은 실로 충격적이었다. 하지만 연방준비제도의 위기 대응에는 시장의 예상을 뛰어넘는 적 극성과 확신이 있었고, 기존의 정책 운영체계에 대한 혁신도 수반 되었다. 여기에는, 때마침 버냉키가 연준을 이끌고 있었다는 점이 중요하게 작용했다. 사실 버냉키 전 의장은 오랜 동안 대공황을 연구했던 경제학자로서, 지금 돌이켜보면 글로벌 위기에 그야말로 잘 준비된 정책 입안자였다. 일찍이 2002년 11월 밀턴 프리드먼의 90회 생일 기념 컨퍼런스에서 당시 연방준비제도이사회의 일원이던 버냉키는 과거 연준의 대공황 대응에 문제가 있었음을 지적하면서 "다시는 그런 잘못을 반복하지 않을 것"이라 공언한 적이 있었을 정도였으니 말이다. 그런 그가 이후 2006년 연준 의장이 되고 얼마 지나지 않아 서브프라임 사태, 글로벌 금융위기 및 대침체 Great Recession와 차례로 맞닥뜨린 일은 역사적 우연으로 넘기기에는 그 자체만으로 참으로 극적인 사건이라 하지 않을 수 없다.

이 모든 우연에는 미국은 물론 세계 경제를 위해 다행스런 측면이 분명히 있었다. 1930년대 대공황 시기의 역사를 되돌아볼 때, 2008년 금융위기가 말 그대로 제2의 대공항이 되지 않은 중요한 한 가지 이유를 연방준비제도의 적극적인 통화정책 대응에서 찾을 법도 하기 때문이다. 예를 들어, 하버드대학교의 카르멘 라인하트 Carmen Reinhart는 2008년 위기의 초기 경기침체 폭이 상대적으로 컸던 점을 강조하면서 연방준비제도의 통화정책이 회복에 크게 기여한 것으로 긍정적 평가를 내린다.* 하지만, 연방준비제도와 그 통화정책에 대한 우려의 목소리도 공존한다. 역시 하버드대학교의

---

*Robin Harding, "US Federal Reserve: Bernanke Years," *The Financial Times*, December 15, 2013

마틴 펠드스타인Martin Feldstein은 최근 연방준비제도의 비전통적 통화정책이 오랜 동안의 낮은 장기 금리를 통해 경제주체의 위험추구를 지나치게 키운 반면 실물경제 부양에는 그다지 효과적이지 못했다면서 통화정책이 "유일한 대응 수단the only game in town"으로 되어 있는 미국의 상황을 우려한다.* 더욱이, 일부 학자들 사이에서는 그동안 엄청난 규모로 공급된 유동성에 대한 중장기적인 우려가 존재하는 것도 사실이다. 그러므로 지난 위기 대응 과정에서 일관적으로 추진된 연방준비제도의 비전통적 통화정책과 버냉키에 대한 진정한 평가는 상당한 시간이 경과한 이후에야 실제로 가능할 것이다.

이 책은 연준 의장이던 버냉키의 2012년 3월 조지워싱턴대학교 강연 내용을 담은 원저를 우리말로 옮긴 것이다. 강연의 기본적인 내용은 '연방준비제도가 금융위기에 어떻게 대응했는가'이다. 주제의 성격상 자칫 난해하고 기술적으로 흐르기 쉬운 내용을, 버냉키는 원저의 전편全篇을 통해 경제사가로서의 역사 인식을 토대로 연준의 과거와 현재를 자유롭게 넘나들며 알기 쉽게 설명한다. 특히 독자의 이해를 돕기 위해 제1강에서 제2강의 앞부분까지는 연방준비제도의 약사略史를 소개하는 데에 할애되어 있다. 독자들은 20세기 전반에는 대공황을, 후반에는 인플레이션을 겪어낸 연

---

*Martin Feldstein, "Saving the Fed from Itself," *The New York Times*, December 8, 2013

준 역사의 흐름을 버냉키와 함께 호흡하는 가운데, 제2강 뒷부분에 이르면 어느새 2008년 금융위기의 생성 과정에 접하게 된다. 이후 제3강과 4강에서 독자들은 금융위기 및 경기침체에서 연방준비제도가 수행해온 역할을 본격적으로 만나게 된다. 제3강은 금융위기가 급박하게 전개되는 와중에서 연준이 취했던 최종대부자로서의 대응을, 제4강은 위기의 여파로 닥쳐온 경기침체로부터 연준이 회복을 도모하는 과정에서 실시한 통화정책적 대응을 균형감 있게 각각 다룬다. 한마디로, 버냉키는 강연을 통해 연방준비제도의 금융위기 대응에 역사적 맥락을 제시함으로써 지난 6년 동안 연준의 정책 활동이 "중앙은행의 역사적 역할에 매우 부합하는" 것이었음을 보여준다.

　이 책을 읽어보면 누구나 알 수 있겠지만 중앙은행 총재의 대학생 또는 일반인을 상대로 한 이딘 유형의 커뮤니케이션이 그저 형식적일 것이라는 생각은, 적어도 버냉키의 2012년 3월 강연에서만큼은 사실이 아니다. 통화정책과 주택 가격 사이의 관계를 포함하여 논란이 되는 여러 경제학적 이슈에 대해 버냉키는 핵심을 비켜 가지 않고 자신의 의견을 주저함 없이 밝히고 있다. 연준 정책상의 부분적인 과오를 인정하는 언급도 어렵지 않게 찾아볼 수 있다. 네 차례에 걸친 매 강연마다 이어지는 질의응답을 보면 여러 대학생들의 상당히 비판적인 질문이 이어지고 이에 대해서도 진지한 논의가 이루어지는 것을 알 수 있다. 무엇보다도 독자들은 이 책을 통해, 약간의 시행착오도 없진 않았고 심지어 무모해보이기까지 했던 연방준비제도의 비전통적 정책 조치들 하나하나가 상당히 일관적인 이론 체계의 소산이며 궁극적으로 연방준비제도의 역사적 역할에 직결되어 있다는 사실을 실감하게 될 것이다.

우리 두 공역자는 버냉키의 원저가 2013년 3월에 프린스턴대학교출판부를 통해 처음 출간된 직후부터 우리말 번역에 관심을 가져 왔다. 대학에서 중앙은행 제도, 통화정책, 경기변동과 금융안정 등을 가르치고 연구하는 경제학자로서, 역자들은 이런 좋은 원저를 우리말로 정확히 옮겨 우리나라 독자들에게 소개하는 일에는 금전으로 따지기 어려운 가치가 있다고 믿는다. 우선, 혁신적인 각종 정책 조치를 쏟아내며 엄청난 위기의 현장을 진두지휘한 버냉키 자신의 육성 기록이라는 점에서 원저는 커다란 역사적 가치를 갖는다. 또한, 대학생을 대상으로 금융위기에 대한 연준의 대응 및 정책 논리를 역사적 관점에서 쉽고 직관적으로 풀어냈다는 점에서 버냉키의 강연은 대중적 경제 교육의 모범사례가 된다. 실제로 버냉키는 자신의 원저에서 위기의 복잡한 실체와 연준의 정책 대응 원리를 역사적 경험과 직관을 자유롭게 구사하며 쉽게 설명함으로써, 오늘날의 핵심적 경제·금융 이슈에 대한 대중적 이해의 폭을 상당히 멀리까지 넓혀준다는 것이 우리들의 판단이다. 물론 훗날 이루어지게 될 정책 입안자로서의 버냉키에 대한 엄정한 역사적·정책적 평가는 별도이겠지만 말이다.

번역 과정에서, 모두 4개의 강의로 구성된 버냉키의 원저 가운데 제1강과 4강은 김홍범이, 제2강과 3강은 나원준이, 각각 나누어 초역했다. 이후 우리들은 각자의 초고를 서로 돌려 보면서 수정하고 재수정하는 검토 과정을 여러 차례 반복했다. 또한, 원저의 문맥이나 저자의 취지를 독자들이 더욱 정확히 이해할 수 있도록 역자 주가 필요하다고 판단되는 곳에는 간단한 설명을 달았다. 이렇게 해서 이 책 전체로는 모두 50개가 넘는 역자 주를 작성했으며, 이들 중 일부 역자 주를 통해서는 원저의 오류를 지적하기도 했다. 이와 같은 공동 작업을 거치면서 번역의 정확성 및 완성도가 한층 더 개선될 수 있었다고 우리들은 만족스럽게 확신한다. 그러나 이 책에 번역 상의 오류가 아직도 혹시 남아 있다면, 이는 두 공역자 모두의 공동 책임이다.

끝으로, 우리 두 사람은 지난 해 여름부터 지금까지 집중적으로 시간을 투입하여 번역작업에 몰입할 수 있도록 특별히 이해하고 배려해준 각자의 가족들에게 따뜻한 사랑과 깊은 고마움을 전한다. 이 책의 편집 과정에서 뜨거운 열정으로 애써주신 미지북스의 이지열 대표께도 커다란 감사를 드린다.

2014년 2월

김홍범, 나원준

1. 영란은행이 처음부터 완전한 중앙은행으로 설립된 것은 아니었습니다. 영란은행은 원래, 중앙은행의 기능 가운데 발권 기능과 최종대부자로서의 역할을 수행하는 기능과 같은 일부 기능을 획득한 민간기관이었거든요. 그러나 시간이 흐르면서 중앙은행들은 기본적으로 정부기관이 되었습니다. 오늘날 모든 중앙은행들이 그렇듯이 말이지요.

2. 그런데 작은 검은 점들 가운데 몇 개가 오른쪽으로 쏠려 있는지 살펴보기 바랍니다. 1914년에는 미국의 경제활동 대부분이 동부지역에서 이루어졌습니다. 물론 지금은 경제활동이 미국 전역에 걸쳐 훨씬 더 고르게 분산되어 이루어집니다. 그렇지만 연방준비은행들은 지금도 1914년 당시와 같은 장소에 소재하고 있습니다.

3. 나는 "서브프라임(subprime)" 용어를 쓰지 않고 "비우량(nonprime)"이라는 용어를 쓰고 있습니다. 서브프라임 주택담보대출은 차주의 신용도를 기준으로 가장 질이 낮은 주택담보대출입니다. 최우량(prime) 주택담보대출보다 질적으로 낮은 주택담보대출은 서브프라임 주택담보대출 말고도 더 있었습니다. 소위 준우량(Alt-A) 등과 같은 다른 유형의 주택담보대출이 그것입니다. 이들 역시 신용 적격성 심사의 전통적인 기준에 미치지 못했습니다. 그래서 나는 서브프라임 및 준우량 주택담보대출과 여타 저질 주택담보대출을 모두 한데 묶어 "비우량"이라는 용어로 통칭하고 있습니다.

4. 주택 버블에서 통화정책의 역할에 관한 이슈에 대해 더 알고 싶은 독자들을 위해 몇 가지 관련 참고문헌을 여기 제시합니다:

- 벤 S. 버냉키(Ben S. Bernanke)의 연설("통화정책과 주택 버블(Monetary Policy and the Housing Bubble)", 미국경제학회(American Economic Association)의 2010년 1월 3일 애틀란타 연차 총회에서의 연설, www.federalreserve.gov/newsevents/speech/bernanke20100103a.htm)은 몇 가지 증거를 요약적으로 제시하고 있습니다.
- 나의 상기 연설은 연준 내부에서 이루어진 모든 연구의 결과를 제시한 다음 논문에 크게 의존하고 있습니다. 제인 도코(Jane Dokko) 외, "통화정책과 주택버블(Monetary Policy and the Housing Bubble)", 『경제정책 (*Economic Policy*)』 26권(2011년 4월): 237~287쪽.
- 카르멘 라인하트와 빈센트 라인하트(Carmen Reinhart and Vincent Reinhert), "오만은 파멸을 낳는다: 연방준비제도의 정책과 자산시장(Pride Goes before a Fall: Federal Reserve Policy and Asset Markets)", NBER Working Paper Series 16815, 전미경제연구소(National Bureau of Economic Research), 2011년 2월. 이 논문은 이자율이 주택 가격 변동을 야기할 정도로 충분히 변동하지 않았음을 주장하며 아울러 자본 유입에 대해 강조하고 있습니다.
- 케네스 커트너(Kenneth Kuttner), "저금리와 주택 버블: 여전히 물증은 없다(Low Interest Rates and Housing Bubbles: Still No Smoking Gun)", 더글러스 에바노프(Douglas Evanoff) 편집, 『금융안정에서 중앙은행의 역할: 어떻게 변해 왔나?(*The Role of Central Banks in Financial Stability: How Has It Changed?*)』(Hackensack, NJ: World Scientific, 출간예정). 이 논문의 결론은 이자율과 주택 버블 사이에 어떤 관련도 없다는 것입니다. 하지만 나는 이 문제에 대해 여전히 논의가 이루어지고 있음을 강조해 둡니다.
5. 미국에서는 관련 위원회 의장의 이름을 따서 제정법의 비공식 명칭을 짓습니다. 바니 프랭크(Barney Frank)는 2010년 민주당이 하원을 지배하고 있을 때 하원 금융서비스위원회(House Financial Services Committee) 위원장이었고, 크리스 도드(Chris Dodd)는 상원 은행위원회(Senate Banking Committee) 위원장이었습니다.

| 찾아보기 |

238

---

* 이 항목은 옮긴이들이 새로 추가한 것이다.

지은이 **벤 S. 버냉키** Ben S. Bernanke
미국의 저명한 경제학자이자 연방준비제도이사회의 14대 의장. 스탠퍼드대학교와 프린스턴대
학교에서 경제학 교수로 재직했으며, 2006년 앨런 그린스펀의 뒤를 이어 미국 연방준비제도이
사회 의장으로 취임했다. 역사상 유례없는 비전통적 통화정책으로 글로벌 금융위기와 뒤이은
대침체에 효과적으로 대응했다고 평가받으며, 2009년에는 『타임』지의 올해의 인물로 선정되
기도 했다.

옮긴이 **김홍범**
경상대학교 경제학과 교수. 서울대학교 경제학과를 졸업하고, 미국 뉴욕주립대학교(SUNY
Albany)에서 화폐경제학 전공으로 경제학 박사학위를 받았다. 한국금융학회 회장을 역임했다.

나원준
경북대학교 경제통상학부 교수. 서울대학교 경제학과를 졸업하고, 동 대학원에서 거시경제학
전공으로 경제학 박사학위를 받았다.

벤 버냉키, 연방준비제도와 금융위기를 말하다

발행일   2014년 2월 25일(초판 1쇄)
        2022년 11월 30일(초판 6쇄)

지은이   벤 S. 버냉키
옮긴이   김홍범, 나원준
펴낸이   이지열
펴낸곳   미지북스
        서울시 마포구 잔다리로 111(서교동 468-3) 401호
        우편번호 04003
        전화 070-7533-1848   팩스 02-713-1848
        mizibooks@naver.com
        출판 등록 2008년 2월 13일 제313-2008-000029호
책임 편집 이지열
출력   상지출력센터
인쇄   한영문화사

ISBN   978-89-94142-32-6 03320
값 16,000원

· 블로그 http://mizibooks.tistory.com
· 트위터 http://twitter.com/mizibooks (혹은 @mizibooks)
· 페이스북 http://facebook.com/pub.mizibooks